CÓMO CONSEGUIR
LOS PAPELES

CÓMO CONSEGUIR
LOS PAPELES

ALFREDO PLACERES

JUANA PONCE DE LEÓN
Editora de la colección "Está en tus manos"

Siete Cuentos Editorial
Nueva York

Seven Stories Press/Siete Cuentos Editorial
140 Watts Street
New York NY 10013
www.sevenstories.com

En Canadá: Hushion House, 36 Horthline Road, Toronto, Ontario M4B 3E2

En G.B.: Turnaround Publisher Services Ltd., Unit 3, Olympia Trading Estate, Coburg Road, Wood Green, London N22 6TZ

En Australia: Tower Books, 9/19 Rodborough Road, Frenchs Forest NSW 2086

Library of Congress Cataloging-in-Publication Data
Placeres, Alfredo
    Cómo conseguir los papeles / Alfredo Placeres.—1. ed.
      p. cm.—(Esta en tus manos)
    ISBN 1-58322-277-4 (paper)
     1. Emigration and immigration law—United States—Popular works. I. Title. II. Series

KF4819.6 .P58 2001
342.73'082—dc21

                                      2001041124

9 8 7 6 5 4 3 2 1

Profesores de universidad pueden obtener ejemplares para revisión sin costo alguno, por un periodo de seis (6) meses, directamente de Siete Cuentos Editorial/Seven Stories Press. Para hacer su pedido, por favor ir al www.sevenstories.com/textbook, o enviar un fax con membrete oficial de la universidad al (212) 226-1411.

Tipografía y diseño: M. Astella Saw

Impreso en Canadá

ÍNDICE

INTRODUCCIÓN

Este librito es una guía para la persona que, en sus esfuerzos para tener una vida estable en los Estados Unidos, busca a los "llena-papeles" o cae en manos de "expertos" que le ayuden en los trámites necesarios para legalizar o cambiar su estatus aquí. Muchas veces las personas que ofrecen ayuda no sirven o pueden ser contra-producentes. La angustia, el miedo, la falta de conocimiento, la abundancia de información errada y el afán de hacer algo rápido tienden a hacer el proceso aún más difícil.

Además de que las regulaciones administrativas y los estatutos federales aplicables a la inmigración de los Estados Unidos son complicados, a esto se suma que cada año existen cambios e inter-pretaciones por parte de los diversos organismos relacionados con el tema—el Department of Justice (Departamento de Justicia), Immigration and Naturalization Service (Servicio de Inmigración y Naturalización—INS), Commission of Immigration Appeals (Junta de Apelaciones de Inmigración), State Department (Departamento de Estado) y los juzgados federales, y el Department of Labor (Departamento de Trabajo)—que afectan los trámites.

Este librito está dividido en seis partes: "El plan de acción", donde se habla sobre los preparativos que usted debe realizar para comenzar el proceso de sus trámites; "¡No es verdad! Los mitos de la migra", donde trato de corregir ciertas ideas populares sobre los procedimientos con la INS; "Cómo conseguir los papeles", donde se explican las leyes y procedimientos apropiados para lograr lo que usted busca solucionar; "Estudio de casos", donde presento situaciones comunes y frecuentes y las soluciones que se les han dado; el "glosario" contiene ciertas palabras que aparecen repetidamente en los formularios en inglés que usted tiene que completar para llevar a cabo sus trámites; y finalmente se incluye una lista de agencias y organizaciones con sus teléfonos a los que usted puede acudir si necesita ayuda y un pequeño directorio de websites al que usted puede acceder para conseguir información y descargar los formularios que necesita del Internet.

Espero que este librito le sirva de orientación. Le ofrecemos información concreta sobre lo que necesita hacer para ajustar su estatus o solicitar la residencia para conseguir su green card (tarjeta verde) cómo pedir a un familiar y cómo prepararse y protegerse durante el proceso de ajuste para poder vivir y trabajar legalmente en los Estados Unidos. He tratado de simplificar los procesos que generalmente se deben seguir en determinados casos. La experiencia me ha enseñado que cada caso de inmigración es diferente. Si desea más respuestas con respecto a su caso personal, lo mejor es consultar a un abogado de inmigración.

Espero que, a fin de cuentas, "Cómo conseguir los papeles" le ayude a tomar el plan de acción que le beneficie a usted y a su familia. Con tiempo, con la información necesaria y con la ayuda de un buen abogado, usted estará mejor preparado para poder conseguir vivir legalmente y de manera estable en los Estados Unidos.

EL PLAN DE ACCIÓN

Si el propósito tanto para usted como para sus familiares es de poder vivir y trabajar legalmente en los Estados Unidos, lo primero que usted tiene que hacer es pensar en los preparativos para lograr sus metas, como un plan de acción o una estrategia.

De entrada es importante entender que el trato por parte de la INS a ciudadanos de los Estados Unidos es muy distinto al trato que se le da a personas que no son ciudadanos—inmigrantes indocumentados, gente que ha logrado conseguir asilo temporáneo o residentes legales. Los ciudadanos tienen un trato de primera clase, mientras que el resto de la gente tiene un trato muy de segunda clase. Los trámites solicitados por un ciudadano no están sujetos a las mismas condiciones que las de un no ciudadano.

Esto significa que cada vez que usted tiene que tomar una posición ante las autoridades de los Estados Unidos, ya sea llenando o no llenando las planillas para sus impuestos, si ha llenado las planillas conjuntamente como matrimonio o individualmente, si hay un divorcio qué razones se dan como causa para pedirlo, si se ve involucrado en algún delito y se declara culpable o no culpable frente a un juez, todas estas decisiones pueden tener consecuencias para usted o para su familia cuando se encuentre en el proceso de hacer los trámites para conseguir sus papeles.

Ante todo, cuando la INS hace un estudio de su caso, la agencia busca establecer si usted es de "buen carácter moral" para ciertos trámites. Según la INS, esto significa que usted ha pagado sus impuestos, que no ha cometido ningún delito, que si se ha casado con un/a ciudadano/a de los Estados Unidos, el matrimonio fue realizado de buena fe y, por fin, que usted puede establecer la fecha en que entró a los Estados Unidos.

Como el proceso de hacer los trámites para ajustar su estatus es largo—generalmente dura varios años—es importante informarse bien sobre los requisitos a seguir y las consecuencias que tendrá optar por un camino en lugar de otro. Más importante aún es tener en mente que sus decisiones no solo le afectan a usted sino también a sus hijos. Las deciciones que usted toma hoy pueden abrir o cerrar puertas para ellos en el futuro.

Todo trámite con la INS requiere que usted tenga la documentación o los papeles apropiados para verificar su estatus.

- ✪ Si está casado, tiene que tener una licencia o certificado de matrimonio. Varios estados de este país reconocen lo que llaman "common-law marriage", o sea que después de determinados años una pareja que ha estado viviendo junta puede recibir el mismo trato ante la ley estatal que una pareja casada ante el registro civil. Sin embargo, este tipo de matrimonio generalmente no se reconoce ante la INS ya que es una agencia federal.
- ✪ Si se ha divorciado en su país de origen o en los

Estados Unidos, usted tiene que tener un certificado tramitado ante una corte que demuestre que está divorciado. Si usted no tiene dicho certificado y se ha casado otra vez, ante la ley su situación es considerada como bigamía y su matrimonio actual no se considera válido.

- ✿ Si entró en los Estados Unidos por un aeropuerto, probablemente recibió una tarjeta llamada I-94 o si entró por México, usted seguramente recibió un permiso de entrada y debe tener y guardar estos documentos.

- ✿ Si usted vive y trabaja en este país debe tener una tarjeta de seguro social o un Tax Identification Number (TIN).

- ✿ Si usted ha presentado su planilla o formulario de impuestos, debe conservar las copias.

- ✿ Si conduce un coche, debe tener una permiso de conducir.

- ✿ Si sus hijos han ido a la escuela, usted debe tener copias de sus inscripciones o certificados escolares.

- ✿ Si está separado de la madre de sus hijos debe guardar los recibos del mantenimiento que usted aporta para sus hijos.

- ✿ Si tiene boletas de pago o tiene teléfono, usted debe guardar los recibos.

- ✿ Si usted ha visitado a un abogado previamente, debe

guardar todos los documentos originales vinculados a su caso.

✿ Si alguna vez ha sido detenido por el IRS o INS o la policía de los Estados Unidos es aconsejable tener todos estos documentos en su poder.

Conserve todos estos documentos en un lugar seguro junto con su pasaporte. Esta información será de gran ayuda en todos sus trámites con Inmigración y de gran ayuda para el abogado que usted contrate para que examine su situación y determine el mejor camino para usted. En caso de que esté detenido por la INS usted tendrá que indicarle a un familiar o un amigo dónde encontrar sus documentos con eso usted puede enseñarlos.

Si usted ha sido deportado por la INS o ha sido detenido por la policía de los Estados Unidos y se le han perdido los documentos relacionados a su caso no se preocupe, ya que son recuperables. La ley de los Estados Unidos llamada Freedom of Information Act (Acta de libertad de información) establece que tanto usted como su abogado tienen derecho a obtener su expediente de inmigración utilizando el formulario G-639. Además, usted puede tener acceso a su historial penal directamente a través de la corte penal o las cortes penales que le procesaron. Usted tiene que ir a cada una de las cortes para pedir o solicitar un Certificate of Disposition (Certificado de disposición) que es un certificado de la corte penal estableciendo el origen de la acusación y los resultados finales. Tenga en cuenta que cada corte le entregará sólo el certificado del caso que se trató en esa corte. Como se verá más adelante, las fechas de los procedimientos en las cortes pueden afectar positivamente o negativamente sus trámites con la INS. Por ello, tanto sus expedientes como su Certificate of Disposition son esenciales para que usted sepa con exactitud el mejor camino a seguir según el caso.

El periodo de tiempo que transcurre en obtener la residencia permanente, sea a través de una solicitud hecha por un familiar o por su empleador, dependerá de varias cosas. Primero está la categoría en que usted está clasificado. Las demoras en cada categoría están relacionadas con las limitaciones en el número de visas que la INS le concede. Además la INS le establece una "fecha de prioridad" a cada solicitud que recibe. La INS da preferencia a las solicitudes hechas por ciudadanos de los Estados Unidos que piden a sus familiares "inmediatos", es decir al esposo o esposa, a los hijos no casados menores de 21 años de edad, o a sus padres si el ciudadano de los Estados Unidos que hace la solicitud es mayor de 21 años de edad. Esta categoría de solicitud esté exenta de los límites numéricos del sistema de visas.

En lo relativo a las solicitudes hechas por un ciudadano de los Estados Unidos que pide a personas que no son familiares "inmediatos", las solicitudes hechas por residentes permanentes que piden a sus familiares, o las solicitudes hechas por personas que pertenecen a otras categorías de preferencia, la persona solicitada tiene que esperar hasta que le llegue el turno a la fecha de prioridad de su solicitud para ajustar su estatus en los Estados Unidos o entrevistarse con el Consulado de los Estados Unidos en su país de origen.

El State Department (Departamento de Estado) publica mensualmente el "Visa Bulletin" que indica qué fecha de prioridad está vigente para cada categoría y si aún quedan visas o si la categoría ha sido solicitada por demasiadas personas. Esta información también se puede conseguir llamando al (202) 663-1541 o si usted tiene un teléfono/fax puede llamar al (202) 647-3000 donde debe seguir las instrucciones y marcar el código "1522" para pedir que le envíen el Bulletin por fax. Si tiene correo electrónico o e-mail puede escribir al: visabulletin@state.gov y pedir que le envíen el Bulletin por e-mail.

¡NO ES VERDAD! LOS MITOS DE LA MIGRA

Desafortunadamente, como el tema de la documentación es bastante difícil y estresante, muchas veces surgen "expertos" que ofrecen información errónea o simplemente equivocada dada su falta de inglés para entender los trámites. También, la información pasa de boca en boca y va cambiando de voz en voz siendo al final inadecuada. Las siguientes situaciones son las que me llegan con más frecuencia.

Ya estoy aquí y me dicen que no puedo conseguir papeles porque no tengo familiares que sean residentes o ciudadanos norteamericanos.

No es verdad. Usted puede conseguir papeles a través de su empleador. Puede que usted también pueda beneficiarse de la Ley de registro (se explica más adelante) que da la oportunidad de conseguir papeles a las personas que han vivido en los Estados Unidos desde 1972. Existen otras leyes como NACARA o Cancellation of Removal (Suspensión de deportación) que se explica más adelante, a las cuales usted se puede acoger según sea su caso. Debo recordarle que el inicio de los trámites para obtener los papeles implica ciertos riesgos y no conlleva necesariamente el éxito. En muchos casos vale la pena intentarlo. Pero en muchos otros casos es mejor esperar. Los casos descritos más adelante le servirán para orientarse mejor y saber qué camino debe tomar.

No puedo conseguir papeles porque los formularios para inmigración cuestan mucho dinero.

No es verdad. Los formularios son gratis. Usted los puede solicitar por correo y llegarán a su domicilio en pocos días. Pero usted sí tiene que pagar una tasa o cargo (filing fee) por el expediente. Ésta es la cantidad o monto de dinero que el INS requiere para procesar la solicitud. Estas tasas varían según el tipo de solicitud y van cambiando de año en año. Al final de este libro usted encontrará una lista de los formularios con la explicación de su uso.

Me cambié de casa e informé de ello a la oficina de correos pero nunca recibí el aviso de la audiencia de la Corte de Inmigración. Es culpa de la oficina de correos.

Falso. Si usted tiene un caso pendiente con la Corte de Inmigración, cambiar su dirección en la oficina de correos no es suficiente. Es su responsabilidad avisar directamente a Inmigración para que le puedan informar de su caso. El no notificar a Inmigración de su cambio de domicilio tiene gravísimas consecuencias, entre las que se encuentran: ser detenido por Inmigración, que una audiencia puede ser efectuada sin su presencia y por lo tanto, que la corte orderne su deportación en su ausencia; puede que pierda su derecho a dejar el país voluntariamente o el derecho a ajustar o cambiar su estatus; o bien que su solicitud se declare retirada. Para estos efectos, tanto

Inmigración como la Corte de Inmigración tienen un formulario que usted puede llenar si se cambia de domicilio una, dos o tres veces. En el caso de las cortes, este formulario es el EOIR-33 que se llama "Change of address form". Este formulario le advierte que usted tiene que avisar a la corte de inmigración en un plazo de cinco días. Si usted no informa a la INS de su cambio de dirección y no comparece el día de la entrevista, las consecuencias para usted pueden ser muy graves. Usted puede ser detenido. Si usted está haciendo trámites para evitar ser deportado, puede ser deportado. Si está haciendo trámites para entrar en los Estados Unidos, su solicitud puede ser anulada. Este trámite de informar su cambio de domicilio mantiene al INS informado de su caso.

Los formularios para el cambio de dirección varían dependiendo del trámite que usted está haciendo y del departamento de la INS con el cual usted se está entendiendo. Es importante preguntar qué formulario necesita y a donde debe enviarlo.

No puedo conseguir papeles porque no tengo dinero para pagar a un abogado.

Falso. Usted puede hacer que alguien de su familia o una amistad que sea competente en el idioma inglés llene la solicitud por usted. Usted también puede asesorarse en oficinas que ofrecen asistencia gratis para procesar su solicitud y que no le cobrarán o le cobrarán muy poco. Al final de este libro usted encontrará un listado de instituciones que le pueden asistir en este proceso previo cobro mínimo o incluso gratis.

Aunque me cueste mucho dinero, si consigo un buen abogado tengo más posibilidades de que me aprueben mi caso.
Falso. Ningún abogado puede garantizarle el éxito de su caso. Sin embargo es importante saber que conseguir a un abogado le ahorrará tiempo y le facilitará los trámites. Primero, un abogado analizará su situación específica. Luego le asesorará y le hablará acerca de sus opciones, lo que éstas implican y las posibles consecuencias. Además le indicará el mejor camino a seguir según su situación. Muchos abogados cobran por la consulta inicial, otros no. Tal como sucede cuando usted elige a un médico, lo mejor es elegir a un representante legal que le dé confianza para asegurarse de que su caso estará bien preparado. A diferencia de los países latinoamericanos que sólo requieren un título universitario, a los abogados norteamericanos se les requiere una licencia para ejercer en los estados donde trabajan. Si usted no tiene dinero para pagar a un abogado, la corte de inmigración le entrega a usted un listado de organizaciones sin fines de lucro que tienen abogados gratis o personas que están autorizadas para representarlo/a a usted frente a la corte de inmigración. Generalmente, si usted ya se encuentra involucrado/a en un caso en la corte, este listado se le entrega junto con los otros papeles de la corte.

La persona que trabaja en la agencia de viajes a la vuelta me puede dar la misma ayuda que un abogado. ¡Incluso cobra menos!

Falso. Cualquier persona puede convertirse en consejero sin tener la experiencia ni la preparación necesaria para hacerlo. Solo un abogado certificado puede representarle frente a un juez de inmigración en un procedimiento. La corte le entregará un listado de abogados y representantes sin costo para su selección.

En cuanto a la ayuda para llenar los formularios de inmigración, las leyes de Inmigración no hacen ninguna restricción al respecto, fuera del requisito de que la persona que le ha ayudado a llenar los formularios debe firmar el formulario en el sitio indicado. Si la persona que le ayudó a llenar el formulario es un abogado o un representante autorizado por la corte para representarle a usted frente al juez, esa persona tiene que llenar y firmar el formulario G-28 y adjuntarlo a los papeles que está enviando con su solicitud a la INS. Esto registra a la persona como su representante oficial en los procedimientos ante la corte.

Pero es importante que usted tome ciertas precauciones. Primero, haga muchas preguntas a sus amigos o gente que haya usado los servicios del "profesional" que le va ha ayudar con los formularios. Usted va a tener que enseñar sus documentos originales como el certificado de nacimiento, pasaporte o papeles de identificación de su país de origen el día de su entrevista con la INS. Es extremadamente importante que la persona que le ayuda con los formularios le devuelva a usted estos documentos originales. Si se llegan a perder estos documentos usted tendrá enormes problemas tratando de reponerlos especialmente si usted no tiene ninguna identificación para compobrar su identidad.

No pague nunca en efectivo por el servicio de su representante oficial o por los cargos requeridos por la INS. Cualquier oficina de correos o banco comercial le vende un "money order" que le permite a usted tener un comprobante del pago—la cantidad y a nombre de quien— y en caso de que se pierda el pago hay forma de localizarlo. Guarde bien la copia/recibo del money order. Para los pagos de cargos de la INS, la INS requiere que el "money order" esté hecho a nombre de la INS de los Estados Unidos solamente. Tambien la INS requiere que un formulario llenado por otra persona que no es el/la solicitante, debe ser firmado (además de usted) por dicha persona en el sitio indicado. Asegúrese de que la firma esté en su sitio. Esto es extremadamente importante en caso de que el "llena papeles" que le preparó sus documentos haya cometido algún error o haya cometido fraude en cuanto a la información que le entregó a la INS sobre usted.

Por último, debe pedir copias de todos los documentos y formularios que se han llenado, firmado y enviado a la INS en su nombre y debe guardarlos en un sitio seguro.

Dado que la INS no tiene controles sobre la gente que puede ayudar a llenar estos papeles, la cantidad de dinero que le pueden cobrar varía inmensamente. Estos servicios no deben ser muy costosos. Al final de este libro ofrecemos un listado de agencias en Nueva York y oficinas de Inmigración a lo largo del país a las que usted puede llamar para informarse bien.

Si necesito legalizar algún documento, le pago a un notario que lo certifique ya que los notarios son abogados certificados.

Falso. A diferencia de lo que sucede en los países latinoamericanos, un notario en los Estados Unidos por lo general sólo puede certificar una firma. Mejor dicho un notario es sólo un testigo de que usted es la persona que firma con puño y letra un determinado documento. Un notario tampoco es consejero de inmigración y por lo tanto, en muchas ocasiones, no le podrá dar ayuda competente para completar sus formularios. Pero si le ayuda a completar un formulario debe cobrarle un monto mínimo por sus servicios dependiendo del estado donde el notario esté certificado.

Si necesito un formulario, sólo tengo que llamar a la línea de Inmigración en español y me enviarán los formularios en español.

Falso. Aunque en la línea directa hay agentes que hablan español, los formularios no están traducidos a ningún idioma, incluyendo el español. Si necesita ayuda para completarlos, usted puede llamar al teléfono de Inmigración correspondiente para que un agente le ayude o le dirija a alguna oficina donde puede recibir ayuda y orientación. Un listado aparece al final de este libro para su orientación.

Mi hermano de tres años nació en los Estados Unidos así que me puede dar papeles.
Cierto, pero la espera será muy larga. Actualmente y según la ley vigente, si su hermano tiene 3 años usted tendrá que esperar hasta que él tenga 21 años para que su hermano pueda pedirlo.

Si tengo visa de turista, no me puedo quedar más del tiempo que me dieron a la entrada porque paso a ser ilegal.
Falso. Si entró al país con una visa usted puede alargar el plazo de estadía en condición de turista completando el formulario de extensión. La ley dice que usted puede permanecer en el país mientras espera respuesta a su petición de extensión.

Es verdad que si no hace los trámites de pedir la extensión y el plazo de la visa se ha vencido, su estadía en el país sí se vuelve ilegal. El formulario que usted tiene que llenar es el I-539, Application to Extend/Change Non-Immigrant Status (Solicitud para permanecer más tiempo en los Estados Unidos).

Si mis hijos nacieron aquí en los Estados Unidos no tengo que hacer ningún trámite porque yo me convierto automáticamente en ciudadano norteamericano.
Falso. Usted tiene que esperar a que su hija cumpla la mayoría de

edad, que en el caso de los Estados Unidos es de 21 años, para que ella pueda solicitar la residencia permanente de sus familiares. El tiempo que esto puede tomar varía tremendamente dependiendo de la relación familiar de la persona que se está solicitando.

Si trabajo ilegalmente no necesito llenar mi planilla o formulario de impuestos.

Falso. La ley estipula que las personas que trabajan en los Estados Unidos tanto legal como ilegalmente deben llenar sus planillas de impuestos anualmente. Si usted ajusta su estatus a residente permanente o aplica por Cancellation of Removal (Cancelación de Deportación) y el INS se entera de que usted ha trabajado o generado dinero, generalmente usted tendrá que llenar sus planillas de impuestos atrasadas, el número de años que le piden depende de su caso individual. Si no tiene Social Security Card (tarjeta de seguro social) usted debe conseguir lo que llaman aquí Taxpayer ID Number - TIN (Número de identificación del contribuyente) y completar su planilla de todas maneras. Usted dede llenar el formulario IRS W-7 también llamado Contributors Form (Formulario de Contribuyente) y llenar su planilla de impuestos. Las leyes de Inmigración requieren las plantillas como prueba de su buen carácter moral.

No quiero pagar mis impuestos porque me da miedo que se den cuenta de que soy ilegal.

Falso. La persona que trabaja sin papeles está obligada a llenar su formulario o planilla de impuestos. Aunque los formularios de impuestos ayudan para casos de Inmigración, no existe una conexión entre el IRS (el Servicio de Impuestos Internos) y el INS (el Servicio de Inmigración y Naturalización).

Si me encuentra Inmigración en mi trabajo, me interrogan y se dan cuenta de que no tengo papeles, me deportan automáticamente.

Falso. Aunque no tenga papeles, usted tiene sus derechos. Primero, usted no tiene que contestar ninguna pregunta que le hagan ya que tiene derecho a permanecer callado. Además de eso tiene derecho a saber la razón por la cual fue detenido, a tener su propio abogado, a ser liberado bajo palabra o fianza y derecho a una audiencia ante el Juez de Inmigración. Es importante tener el nombre, teléfono y dirección de su abogado a mano para que su abogado pueda ser contactado en esta situación. De lo contrario, la corte le eligirá un abogado para que lo represente.

Si Inmigración me detiene por sospechoso me pondrán en la cárcel y me escoltarán hasta la frontera.

Falso. Si Inmigración le pone bajo custodia por sospecha, usted puede pedir una audiencia ante un Juez de Inmigración. Si usted tiene la posibilidad de cambiar su estatus, si es candidato a que le cancelen la remoción o si necesita asilo político, usted tiene derecho a pedir una audiencia y presentar estos argumentos de defensa para evitar ser deportado.

Si viene la INS a mi casa tengo que dejarlos entrar y firmar lo que me den.

Falso. No deje entrar a ningún oficial de Inmigración en su domicilio a menos que éste tenga una orden judicial para entrar en su domicilio. No firme ningún documento a menos que sepa de qué se trata ya que esto puede anular su derecho a una futura audiencia.

Si un juez de Inmigración me deporta, tengo que salir lo antes posible de los Estados Unidos.

Falso. Si un juez ordena que sea deportado, usted puede apelar a la Commission for Immigration Appeals (Consejo de Apelaciones de Inmigración) y después apelar ante una corte federal. Usted tiene permiso para permanecer en los Estados Unidos mientras espera la respuesta de su apelación. Pero existe un plazo determinado para poder presentar la apelación y si se vence este plazo usted no podrá presentar una apelación. Además, es aconsejable consultar a un abogado antes de entrar en el proceso de la apelación para determinar cual es el mejor camino en su caso.

Si tengo una tarjeta para trabajar, soy residente de los Estados Unidos y puedo viajar fuera de los Estados Unidos.

Falso. A menos que reciba su tarjeta de residencia, o sea, la green card, puede que la tarjeta que usted reciba sea sólo para uso temporal y esté sujeta a una futura entrevista o a ciertas condiciones. Verifique su caso y compruebe la fecha de vencimiento de la tarjeta que recibió. Puede que con su tarjeta de trabajo usted tenga derecho a solicitar un permiso de viaje. Esto también depende de la petición que usted tiene pendiente que es la base por la cual le han dado un permiso de trabajo. Tenga mucho cuidado porque aunque a usted le den un permiso de viaje, todavía puede estar sujeto al castigo de permanecer fuera de los Estados Unidos tres o diez años por haber permanecido ilegalmente en los Estados Unidos durante más de seis meses o más de un año. En esos casos el permiso de viaje no resuelve el problema del castigo.

Si tengo visa, puedo trabajar en los Estados Unidos.

Depende. Existen visas como la H-1B o la L-1 que le permiten vivir y trabajar en los Estados Unidos. Pero una visa para visitar el país como la B1, es sólo un permiso para entrar en el país y no le permite trabajar en los Estados Unidos. Una visa como esta le permite entrar en el país si es que usted no ha estado ilegalmente en los Estados Unidos o si no ha infringido la ley anteriormente. En ciertos casos, el gobierno de los Estados Unidos permite que aquellas personas que tienen determinadas visas tras finalizar sus estudios y están en entrenamiento o práctica profesional, por ejemplo, reciban un permiso para trabajar de forma temporal. Más adelante, en la sección ¿Cómo puedo conseguir los papeles? le explicaremos con más detalle en qué consisten las visas de trabajo.

Soy ciudadano y solo tengo que pedir a mi hermana para que pueda entrar legalmente a los Estados Unidos sin tener que hacerme más cargo de ella.

Falso. Toda persona que solicita a uno o a varios de sus familiares para ajustar su estatus o para visas de inmigrantes debe completar un *affidavit of support* (Declaración jurada de mantenimiento). El gobierno necesita saber que alguien mantendrá económicamente a la persona que está solicitando. Al completar este affidavit of support usted pasa a llamarse sponsor o patrocinador. Para estos propósitos el formulario a rellenar es el I-864.

Es importante saber que completar y entregar este formulario no es el único requisito. Usted debe demostrar que puede mantener a la persona que solicita a través de cuentas bancarias y recibos de sueldo o nómina. Además, este formulario no es tan simple. Es un compromiso económico y no todas las personas califican como patrocinadores ya que el INS establece income poverty levels o niveles de ingreso computables de acuerdo con el número de integrantes de su familia y su salario. Por integrantes, la INS entiende no sólo los familiares que son dependientes suyos sino también la/s persona/s que usted está pidiendo. Usted tiene que presentar sus planillas de impuestos de los últimos tres años y debe tener un nivel de ingresos igual o superior al 125 por ciento del nivel federal de pobreza publicado anualmente por el Departamento de Salud y Servicios Humanos (Department of Health and Human Services) y este nivel cambia anualmente.

Si para pedir a mi hermana necesito una declaración jurada de mantenimiento y no tengo trabajo, no puedo hacerlo.

Falso. Usted puede obtener un copatrocinador. Esta persona debe ser ciudadano o residente legal de los Estados Unidos y tener trabajo fijo. Usted debe llenar una Declaración jurada y el copatrocinador debe llenar una segunda Declaración jurada de mantenimiento. Pero recuerde que un copatrocinador también tiene que tener un nivel de ingreso aceptable y las mismas pautas de niveles de pobreza se aplican tanto a usted como a él. Para más información, llame al número (800) 375-5283.

CÓMO CONSEGUIR LOS PAPELES

Aunque existen muchas leyes bajo las cuales se puede optar por la residencia, y hay leyes que son específicas para determinados países, en general hay siete maneras de hacerlo. La siguiente información le ayudará a determinar sus opciones y calcular el tiempo y el esfuerzo que le tomará ajustar su estatus de acuerdo a su caso en particular.

1. PETICIÓN FAMILIAR

No importa si usted reside o no reside en los Estados Unidos, la opción más fácil es tratar de obtener su residencia permanente a través de un familiar cercano. Con la intención de promover la unión familiar, el gobierno de los Estados Unidos ofrece la opción de vivir y trabajar legalmente tanto a familiares de ciudadanos norteamericanos como a los familiares de residentes permanentes de los Estados Unidos. Existe una diferencia muy grande entre las facilidades que se les dan a los familiares de ciudadanos norteamericanos y las que se les dan a los residentes permanentes. Como lo explico en mi programa de radio, los ciudadanos norteamericanos están en el avión de primera clase y los residentes están en el avión de segunda clase.

✿ Si un ciudadano norteamericano tiene más de 21 años puede solicitar a su esposo, su esposa, su hijo e hija menor y mayor de 21 años—casados o solteros—, a sus padres y a sus hermanos. Estas peticiones —madre, padre, hijo o hija menor de 21 años y soltero/a, esposo y esposa— no tienen límite en el número de personas que se pueden pedir y demoran normalmente alrededor de un (1) año en ser procesadas dependiendo de la cantidad de trabajo que esté manejando la oficina de la INS o el consulado donde esté haciendo la solicitud.

✿ Si un residente permanente tiene más de 21 años, él o ella puede solicitar sólo a sus hijos no casados menores o mayores de 21 años, a su esposo y a su esposa.

Ahora bien, las leyes de inmigración de los Estados Unidos establecen un orden de preferencia para todos aquellos que no sean familiares "inmediatos" o directos, como lo define la INS, de ciudadanos norteamericanos y para los familiares de residentes. Este orden de preferencia tiene muchos años de espera.

✿ Si un ciudadano norteamericano tiene un hijo mayor de 21 años no casado, está en primer lugar de preferencia con aproximadamente tres años y medio de espera pero éste puede fluctuar dependiendo de la demanda.

✿ Si usted es de México la espera es mucho más larga. Según el Visa Bulletin (boletín de visas), el tiempo de espera para las personas nacidas en México que pertenecen a la primera preferencia es de 11 años.

✿ Existen dos categorías de segunda preferencia: (2a) Para los hijos o hijas no casados menores de 21 años y esposos o esposas de residentes permanentes, el plazo de espera es aproximadamente de 5 años a partir del momento en que el INS recibe su expediente con la solicitud. (2b) Para los hijos e hijas no casados de residentes permanentes mayores de 21 años, el plazo de espera es aproximadamente de 8 años a partir de la fecha en el que el INS recibe su expediente con la solicitud.

✿ Para los inmigrantes procedentes de México la espera es mucho más larga debido a la cantidad de peticiones pendientes. Para mayor información, consulte el Visa Bulletin a través de Internet. Al final de este libro le proporcionamos la dirección virtual. Es muy importante consultar mensualmente esta página Web para mantenerse al día.

En todos los formularios que son necesarios para pedir a un familiar, la persona que llena la solicitud para usted se denomina petitioner que quiere decir el solicitante. La persona que se beneficia es un beneficiary o beneficiario.

2. OBTENCIÓN DE VISA A TRAVÉS DE SU EMPLEO

El INS otorga una serie de visas de trabajo a personas con ciertas habilidades profesionales que son escasas en los Estados Unidos. Estas visas tienen una duración limitada, un cupo limitado y están sujetas a ciertas restricciones, pero son una buena transición para la persona que desea optar por una residencia en el futuro. La visa más común para estos efectos es la visa H-2B que se otorga a profesionales que desempeñan ciertas labores y que reciben una oferta de trabajo por parte de un empleador. La visa H-2B también es utilizada por compañías en los Estados Unidos para contratar temporalmente a trabajadores extranjeros—tanto mano de obra como profesionales—para oficios no agrícolas y a corto plazo para los cuales la compañía necesita ayuda y no ha logrado encontrar trabajadores autorizados para emplear.

Existen también otros tipos de visas. Por ejemplo, usted puede optar por una visa L-1 si una compañía extranjera que tiene una sucursal en este país lo traslada a usted internamente.

Si tiene talento extraordinario en las artes, las ciencias, la educación, los negocios o el atletismo, usted puede optar por una visa O-1.

Si usted es un artista o atleta y es miembro de algún grupo famoso de entretenimiento o de algún equipo conocido internacionalmente, usted puede optar por una visa P-1. Esta visa sirve para atletas o artistas que no demuestran un talento extraordinario para beneficiarse de la visa O-1.

Si usted es un visitante cultural internacional de intercambio, puede optar por la visa Q.

Por último, si usted es un trabajador religioso, puede obtener una visa R.

Todas estas visas requieren comprobantes que certifiquen su habilidad y profesión. Para mayor información, usted puede consultar a un abogado. Estas visas exigen ciertas condiciones, tienen restricciones de número y están limitadas a una cantidad específica de años. Pero pueden ser un buen puente para convertirse en residente permanente en el futuro.

3. SOLICITUD DE RESIDENCIA POR CONTRATO DE TRABAJO

Si no tiene familiares, usted puede optar por una visa para vivir y trabajar legalmente en los Estados Unidos. Usted puede hacerlo a través de su empleo o demostrando que tiene ciertas destrezas profesionales que son escasas entre los trabajadores de los Estados Unidos. El gobierno establece ciertas preferencias basadas en las necesidades de cierto tipo de trabajadores.

- ✿ Personas con habilidades extraordinarias. Dichas habilidades extraordinarias deben ser reconocidas internacionalmente, por ejemplo, personas que han recibido el Premio Nobel. También se aplica a investigadores académicos que hayan establecido departamentos académicos de investigación y personas con

extraordinaria habilidad en el campo de las ciencias o
el arte.

✿ Personas con excepcional habilidad en el área de las
ciencias, de las artes y de negocios además de personas
con nivel académico avanzado.

✿ Personas con un bachillerato o licenciatura, personas
con adiestramiento profesional de dos o más años de
experiencia o entrenamiento determinado por el Labor
Department, por ejemplo, para mecánicos, panaderos,
cocineros, carniceros, joyeros, modistas o cualquier
trabajo que requiera dos años de entrenamiento y trabajadores no profesionales, como niñeras que residen
con la familia que las emplea.

Con la excepción de aquellos con habilidad extraordinaria,
todas estas personas necesitan recibir una oferta de empleo por
parte de una compañía localizada en los Estados Unidos para
poder optar a una residencia permanente. Para ello, primero
deben cumplir con los requerimientos del empleo y la compañía
debe estar dispuesta a pagar un salario especificado por el
Department of Labor (Departamento de Trabajo). A este tipo de
salario se le denomina prevailing wage, o sea, el sueldo vigente.

Pero antes de entregar esta solicitud al INS, usted debe acudir al Department of Labor a la sección denominada Alien Labor
Certification Unit (Oficina de certificación de trabajo extranjero)

para llenar los formularios ETA 750, Part A, Offer of Employment (Oferta de empleo), Part B, Statement of Alien's Qualifications (Declaración de las calificaciones del extranjero), entregar los documentos requeridos, y hacer una solicitud para obtener un Labor Certification o certificación de empleo. Pero para poder obtener dicha certificación, al empleador le pedirán que establezca a través de una serie de avisos en el periódico, que el trabajo que usted va a realizar no puede ser llevado a cabo por ninguna persona calificada en el área donde el trabajo se llevará a cabo. El Labor Department (Departamento de Trabajo) le indicará los pasos específicos que debe seguir para publicar este anuncio. Una vez que se establezca que no hay ningún trabajador disponible que pueda realizar este trabajo y que usted es la única persona que reúne las condiciones para él, el Labor Department le emitirá un certificado. Usted debe incluir este Labor Certification en su petición I-140 en el momento de llenar la solicitud.

4. LA LEY DE REGISTRO
Esta ley da la oportunidad de ajustar su estatus a personas que han residido en forma continua en los Estados Unidos desde antes del 1 de enero de 1972 y poner su situación al día.

La ley de registro tiene muchas ventajas ya que establece una tasa muy baja y es más flexible ya que se aplica a personas ilegales y no tiene fechas ni plazos de entrega. La ley de registro ha tomado varias formas a lo largo del último siglo. La primera vez que salió, benefició a las personas que habían vivido en el país desde 1924. Luego se actualizó, beneficiando a personas que habían vivido en el país antes del 28 de junio de 1940. Después pasó a beneficiar a las personas que habían vivido en el país antes de 1948 y finalmente a aquellas que vinieron antes de 1965. La última modificación benefició a aquellas personas que habían vivido en el país antes del 1 de enero de 1972. En el año 2000, el Presidente Bill Clinton presentó un proyecto de ley que beneficiaba a personas que habían residido en forma continua en los Estados Unidos desde el 1 de enero de 1986, pero el proyecto fue rechazado por el Congreso.

5. CANCELACIÓN DE DEPORTACIÓN

Éste es un caso especial usado por individuos sin estatus que quieren ser residentes permanentes y por individuos que son residentes permanentes que se encuentran bajo un procedimiento de deportación. Frecuentemente ésta es la única defensa o camino para lograr la residencia permanente pero la reunión de los requisitos toma mucha planificación. Esta defensa, que en un principio fue llamada Suspension of Deportation (cancelación de deportación o "la ley de los 7 años") y ahora se llama cancellation of removal ("la ley de los 10 años"), requiere que la persona haya vivido diez años continuos de presencia física en los Estados Unidos, que tenga buen carácter moral durante los diez años de permanencia en el país, que tenga un esposo, madre o padre e hijo que sea ciudadano americano o residente permanente legal que estarían sometidos a dificultades extremadamente excepcionales si deportan a su familiar a su país de origen.

Comunmente la gente piensa que se puede "solicitar" a través de la "ley de 10 años" y eso no es así. Este procedimiento requiere que el/la solicitante transfiera su caso a la Corte de Inmigración ya que es un Juez de Inmigración quien decide otorgar o no otorgar este perdón. Existe mucho riesgo al tomar este camino, pues si no le ortogan el perdón, usted puede ser deportado. Los resultados de este procedimiento dependen por completo del juez, por consiguiente, es importante tener a un abogado o persona autorizada que lo represente frente al juez.

6. DIVERSITY IMMIGRANT CATEGORY O SORTEO DE VISA

La sección 203C del Immigration and Nationality Act (Acta de Inmigración y Nacionalización) provee un máximo de 55.000 visas para inmigrantes durante el año fiscal para dar oportunidades de inmigración a personas de países que en la actualidad no forman parte de las grandes inmigraciones hacia los Estados Unidos. El Nicaraguan and Central American Relief Act o NACRA (Acta de Alivio para Nicaragua y Centroamérica) aprobada por el Congreso de los Estados Unidos en Noviembre de 1997 estipula que anualmente se ofrecerán entre 5.000 de las 55.000 visas DV-99 para su uso bajo el programa NACRA.

Recientemente, este número se redujo a 50.000 visas anuales. Las visas DV están repartidas entre seis regiones geográficas, con un límite de 7% de visas por país.

En este caso, la visa se obtiene a través de un sorteo gratuito por computadora. Pero participar en el sorteo no le asegura una visa. Como este programa está dirigido a países que tienen pocos inmigrantes en los Estados Unidos, aquellos países como Colombia, El Salvador, México, Filipinas y República Dominicana quedan fuera de sorteo.

No se necesita vivir en los Estados Unidos para ser seleccionado. Una vez seleccionados, los beneficiarios de este tipo de visa deben cumplir ciertos requisitos, como por ejemplo: tener finalizada la escuela secundaria o su equivalente; o haber tenido dentro de los últimos cinco años, dos años de experiencia laboral en un trabajo que requiera entrenamiento; tener un buen carácter moral; y no haber estado involucrado en fraudes. Si usted está ilegalmente en el país y sale favorecido en el sorteo puede quedar descalificado. Sin embargo, la ley ha hecho ciertas excepciones. Más adelante en este libro, incluimos el tema en uno de los casos para explicar con más detalle la situación.

7. POR ASILO POLÍTICO

Usted puede conseguir asilo político en los Estados Unidos si su vida está en peligro en su país de origen o si está siendo perseguido ya sea por su raza, su religión, su opinión política o por ser miembro de un grupo determinado.

Si usted no está en los Estados Unidos, usted puede inmigrar como refugiado. Para ello, puede solicitar asilo en el programa de refugiados de los Estados Unidos desde su país de origen. Consulte en el consulado de los Estados Unidos de su país respectivo.

Ahora, si usted está en los Estados Unidos, puede solicitar permiso para vivir en los Estados Unidos bajo asilo político. La Comisión de Refugiados de Naciones Unidas o UNHCR establece ciertas pautas para determinar si una persona es o no refugiada de acuerdo a su país de origen. Puede haber circunstancias especiales bajo las cuales usted puede calificar como refugiado de acuerdo al UNHCR. Si así se da el caso, usted puede ser entrevistada por el INS de los Estados Unidos quienes determinarán si puede optar por una visa para permanecer en el país bajo asilo político.

El INS otorga a las personas que buscan asilo político un plazo de un año a partir de la fecha de llegada a los Estados Unidos para presentar su expediente con la solicitud, a menos que el solicitante demuestre que un cambio de circunstancias o circunstancias extraordinarias no le permitieron entregar la solicitud dentro del plazo indicado. Pueden quedar excluidas de esta opción las personas que han sido deportadas y las personas que están en proceso de deportación. En estos casos de asilo, la Corte de Inmigración tiene la última palabra.

En el sitio web de Inmigración y en el sitio web de Univisión, cuyas direcciones de Internet publicamos al final de este libro, se ofrece una guía completa en caso de que quiera informarse mejor de los casos de asilo. En el sitio web de Inmigración, la información está disponible en inglés y en el sitio de Univisión, la ayuda está disponible en español.

ESTUDIO DE CASOS

LOLA

Me llamo Lola, entré en los Estados Unidos como turista para ver a mi familia. Pero pasó el tiempo y nunca regresé a mi país. Ahora quiero arreglar mis papeles para permanecer al lado de su familia en los Estados Unidos. No sé qué hacer. ¿Puede pedirme mi hermano Vicente que es residente permanente?

Lamentablemente, no. La ley dice que un residente permanente solamente puede llenar la solicitud para su esposo, su esposa o sus hijos no casados menores y mayores de 21 años.

¿Me puede pedir mi primo Jano que es ciudadano norteamericano?

No. A usted no la pueden pedir ni sus primos, ni sus abuelos, ni sus tios, ni sus nietos, ni sus suegros, ni su ex marido.

La ley de inmigración establece que un ciudadano norteamericano no puede llenar la solicitud para pedir a los abuelos, los nietos, los sobrinos, los tíos o los suegros.

¿Y mi hermana Juana? Ella es ciudadana norteamericana.

Si su hermana tiene más de 21 años, sí puede pedirla a usted.

La ley dice que un ciudadano norteamericano puede llenar la solicitud para su esposa, sus hijos casados o no casados. Puede llenar la solicitud para su hermana o su hermano y para sus padres. Esto, siempre y cuando el ciudadano que llena la solicitud tenga más de 21 años. El formulario que necesita es el I-130.

Me da miedo empezar a hacer mis papeles, ¿qué ocurre si se dan cuenta de que estoy ilegal en los Estados Unidos?

Todo depende del trámite al que usted está sometido. Es importante que usted sepa que la oficina de inmigración no utiliza las peticiones familiares I-130 para "cazar" a personas indocumentadas. Es diferente cuando uno somete el I-485 para ajustar su estatus ya que si le niegan el ajuste su caso puede pasar a la sección de deportación para que comiencen un caso contra usted.

Si empieza a hacer sus papeles, usted tiene que tener en cuenta que es un trámite que dura muchos años e incluso puede que no se pueda iniciar sino hasta el año siguiente si los cupos para su categoría ya están agotados. También tiene que tener en cuenta que si usted no es elegible para ajustar su estatus estando en los Estados Unidos, usted tendrá que hacer la entrevista en el consulado de los Estados Unidos en su país de origen, donde le castigarán a permanecer 10 años fuera de los Estados Unidos por haber vivido ilegalmente más de un año en los Estados Unidos.

¿Esto quiere decir que el pedir mis papeles no me resuelve nada y que estoy perdiendo tiempo y dinero si hago el trámite?

No necesariamente porque a veces las leyes cambian y sus oportunidades cambian con ello como sucedió con la ley 245-I. Esta ley permitía optar por una residencia sin tener que salir del país y sin importar si la persona era ilegal o no. Si su situación cambiaba en el futuro, por ejemplo, si usted conseguía un empleador, usted podía transferir este proceso y acogerse a la ley 245-I. La única condición era completar el formulario correcto y que su solicitud fuera entregada antes del 14 de enero 1998 cuando la ley 245-I venció por primera vez.

Ahora bien, cuando este plazo venció, hubo personas que pensaron que no resolvían nada y no entregaron la solicitud. Pero hubo otras que sí se arriesgaron y pidieron sus papeles. Cuando el gobierno extendió este plazo hasta el 30 de abril de 2001, las personas que habían hecho el trámite pudieron acogerse a esta ley. Pero las personas que no habían hecho nada perdieron la oportunidad de tener una fecha de prioridad más antigua (llegaría a ser vigente antes) y en lugar de tener fecha de prioridad de 1998 o 1990, ahora tienen una de 2001. Entregar la solicitud le permite a usted participar en futuras extensiones.

¿Me puedo acoger a la ley 245-I ahorita? Es que no quiero regresar a mi país porque me da miedo que no pueda ver a mi mamá durante 10 años.

Lamentablemente el plazo para acogerse a esta ley venció el 30 de abril de 2001. Pero le aconsejo que se mantenga informada porque todavía se está luchando para que se extienda el plazo hasta el 15 de agosto 2002.

Antes de que existiera la ley de inmigración 245-I, las personas que estaban ilegalmente en los Estados Unidos durante más de seis meses y salían del país tenían que quedarse 3 años fuera de los Estados Unidos. Si estaban ilegalmente más de un año y salían del país, les tocaba quedarse fuera 10 años sin poder regresar a los Estados Unidos.

La ley de inmigración 245-I permitió a las personas cuyas visas habían caducado, aquellas que habían entrado al país en forma ilegal o aquellas que se habían quedado ilegales y que habían trabajado sin autorización en los Estados Unidos, optar por residencia permanente. Esto podía hacerse a través de un familiar, un empleador o a través de ellas mismas y podían acogerse a un proceso de ajuste en los Estados Unidos sin tener necesidad de salir del país. Para ello había que pagar 1.000 dólares que era el cargo para llenar el formulario I-485 (a) si tenían más de 17 años en el momento de entregar la solicitud al INS.

En otras palabras, el 245-I es un remedio al castigo de los 3 a 10 años fuera del país porque le da al solicitante la oportunidad de una cita para pedir la residencia en los Estados Unidos sin tener que salir del país.

¿Y si decido iniciar mis trámites, qué documentos necesitamos mi hermana y yo para pedirme?
Su hermana necesita demostrar que es ciudadana norteamericana entregando copias de su certificado de naturalización y su certi-

ficado de nacimiento. También se necesita su certificado de nacimiento que demuestre que ustedes son hermanas. Más adelante, usted necesita documentos para demostrar que está casada o soltera además del formulario I-130 o formulario de patrocinio familiar. Ahora bien, la lista de espera es larga. En este momento están procesando solicitudes que fueron presentadas hace 13 años. Al final de este libro publicamos un listado de lugares y teléfonos a los que usted puede acudir que le ayudarán a llenar sus formularios.

SANDRA

Mi nombre es Sandra y soy residente permanente. Yo pedí a mi hijo Omar cuando él tenía 17 años. Han pasado 5 años y ahora que Omar ha sido llamado para la entrevista, ya ha cumplido los 21 años y no le han dado la visa. ¿Porqué?

Omar va a tener que esperar aún unos años más ya que en el momento de la entrevista él era mayor de 21 años. Esto significa que ha pasado a ser parte del grupo de menos preferencia. Lo más probable es que tenga que esperar por lo menos tres años más.

De acuerdo a la ley del INS de los Estados Unidos, los hijos de ciudadanos norteamericanos no casados mayores de 21 años ocupan la primera preferencia, con un tiempo de espera de 4 años y medio aproximadamente. A éstos les siguen los esposos e hijos solteros de residentes permanentes menores de 21 años en la segunda preferencia (2a) con una demora de aproximadamente 6 años y medio. La segunda preferencia (2b) es para los hijos no casados mayores de 21 años con una espera de hasta 9 años. Ahora la tercera preferencia es para hijos casados de ciudadanos norteamericanos con un tiempo de espera de cinco años y medio aproximadamente. Esto puede fluctuar así que es importante chequear el buletín de visas "Visa Bulletin".

El problema no es solo ese. Estamos muy preocupados porque a Omar le han ofrecido una beca para hacer el pos-grado en una universidad de los Estados Unidos cuando se gradue el año entrante y parece que no puede aceptarla si no tiene papeles. ¿Qué podemos hacer?

Existe una solución. Usted puede hacerse ciudadana norteamericana. De esta forma Omar pasa de ser familiar directo de un residente a familiar directo de una ciudadana norteamericana. Esto hace que se convierta automáticamente en persona de primera preferencia. En este caso, la fecha de solicitud se traspasa y Omar puede solicitar la residencia automáticamente si la fecha de prioridad está vigente. Debe hacerlo porque normalmente la gente que cae bajo la categoría de primera preferencia no se le atrasa cinco años. Como usted entregó papeles antes del 30 de abril 2001 usted puede acogerse a la ley 245-I. Usted tiene que llenar el formulario I-485(a). La entrevista se demora un año, pero mientras tanto le dan un permiso de trabajo. El formulario a llenar es el I-765 que es la solicitud para el permiso de trabajo. Además usted tendrá que enviar las huellas digitales.

La ley coloca en categoría de preferencia a los familiares de ciudadanos norteamericanos que no son familia "inmediata" según la definición de la INS. La primera preferencia es para hijos e hijas de ciudadanos de los Estados Unidos solteros/as mayores de 21 años otorgando 23.400 visas por año. La segunda preferencia es para el esposo e hijos de residentes permanentes menores de 21 años de edad asi como hijos no casados mayores de 21 años de edad. La tercera preferencia es para hijos e hijas casados(as) de ciudadanos de los Estados Unidos; la cuarta preferencia es para hermanos y hermanas de ciudadanos adultos de los Estados Unidos.

¿Cómo puedo convertirme en ciudadana norteamericana rápidamente?

Usted necesita 5 años como residente permanente para poder optar por su ciudadanía, a menos que se haya casado con un ciudadano norteamericano en cuyo caso el periodo de tiempo se reduce a 3 años. En ambos casos, la persona que solicita la ciudadanía tiene que llenar el formulario de solicitud N-400, pasar una prueba escrita en inglés y una entrevista. Como usted lleva más de cinco años de residente, ésta es una opción fácil para usted.

La ley dice que pueden optar por ciudadanía todas aquellas personas que sean residentes permanentes y hayan residido en los Estados Unidos durante un período mínimo de cinco años. Si se han casado con un ciudadano norteamericano, las personas pueden optar por ciudadanía después de un mínimo de tres años tras haberse hecho residentes permanentes.

Híjole. Pero es que no hablo inglés y ya estoy muy vieja para aprender.

También existe una solución para eso. El examen de ciudadanía también lo dan en español si usted tiene 50 años de edad como mínimo y tiene 20 años como residente o si tiene 55 años de edad como mínimo y más de 15 años como residente en el momento de someter la solicitud para hacerse ciudadana norteamericana. El examen trata sobre el tipo de gobierno de los Estados Unidos. De las 100 preguntas que tienen para contestar, ellos sacan 10 para el examen. Usted puede contestarlas en español. Para estos propósitos, el INS proporciona un folleto con estas 100 preguntas y respuestas llamado M 476. Usted puede pedir que le envíen este material de estudio por correo para que usted lo estudie antes del examen llamando al (800) 375-5283 sin costo alguno o ver la sección ciudadanía o citizenship por Internet en la dirección internet www.ins.usdoj.gov.

¿Cuánto tiempo se tarda en conseguir la ciudadanía una vez que entregue mi solicitud?

Entre seis meses y dos años, dependiendo del estado en el que usted vive. Puede que su petición se atrase. Inmigración tiene muchas solicitudes pendientes y ha recibido muchas quejas por lo que ahora están haciendo lo posible para mejorar el problema y acelerar el trámite. En estos momentos no le puedo dar una fecha concreta.

La ley dice que para optar por la ciudadanía, el solicitante debe haber residido en los Estados Unidos sin ausentarse durante más de seis meses. Además debe ser mayor de 18 años, debe estar físicamente en los Estados Unidos y debe ser considerado persona de buen carácter moral. Una vez que reúna estos requisitos, debe tener conocimiento de la historia y forma de gobierno de los Estados Unidos, jurar lealtad a los Estados Unidos y apoyar la constitución de los Estados Unidos.

FILOMENA

Me llamo Filomena Palacios, tengo 80 años y he sido residente permanente durante 25 años y quiero ser ciudadana. Yo hablo inglés pero hablo más español. Las dos veces que tomé el examen para tener mi ciudadanía, no lo pasé, por eso nunca me dieron la ciudadanía. ¿Hay alguna otra forma de hacerme ciudadana? Hay que ver qué examen más difícil, con tantas preguntas y en inglés.

Sí, es posible. La ley de 1994 le da una consideración exclusiva por medio de un examen de historia más breve que está disponible a personas que como usted han sido residentes permanentes durante más de 20 años y que tienen 65 años de edad como mínimo. Si usted obtiene una consideración exclusiva, las preguntas que tiene que contestar se reducen a 6 y usted puede pedir que sean en español. Estas preguntas son solamente para las personas que reciben consideración especial. El día del examen, usted tiene que contestar 10, pero sólo seis de ellas tienen que ser correctas.

Preguntas de muestra y práctica para el examen de ciudadanía.

1. *¿Por qué celebramos el 4 de Julio?* El 4 de julio celebramos la independencia de los Estados Unidos, cuando ganaron sus batallas contra Inglaterra.

2. *¿Quién fue el primer presidente de los Estados Unidos?* George Washington

3. *¿Quién es el presidente de los Estados Unidos ahora?* George W. Bush

4. *¿Qué es la constitución?* La ley suprema del país.

5. *¿Cómo se llama las 10 primeras enmiendas de la constitución?* The Bill of Rights

6. *¿Quién elige a los miembros del congreso?* Los ciudadanos.

7. *¿Cuántos senadores hay en el congreso?* Dos por cada estado, es decir 100 en total.

8. *¿Durante cuánto tiempo ejerce un senador?* Durante 6 años.

9. *¿Durante cuánto tiempo ejercen los representantes del congreso?* Dos años.

10. *¿Quién designa a los jueces de la Corte Suprema?* El Presidente de los Estados Unidos.

11. *¿Cuáles son las ramas de nuestro gobierno?* Ejecutivo, Judicial, Legislativo.

12. *¿Cuál es la corte con mayor jerarquía en los Estados Unidos?* La Corte Suprema.

13. *¿Cómo se llama el río que atraviesa de norte a sur los Estados Unidos?* El Mississippi.

14. *¿Cuál fue la razón principal por la que se luchó en la Guerra Civil?* La liberación de los esclavos.

15. *Mencione dos partidos políticos que hay en los Estados Unidos actualmente.* Los Demócratas y los Republicanos.

16. *¿Cuántos estados tiene Estados Unidos?* 50 estados.

17. *¿Cuál es la capital de los Estados Unidos?* Washington D.C.

18. *¿Cuál es la edad mínima para votar en los Estados Unidos?* 18 años.

19. *¿Quién fue Martin Luther King Jr.?* Un líder que luchó pacíficamente por los derechos civiles de los Afro-Americanos en este país.

20. *¿Cuál fue el primer país que puso a un hombre en la luna?* Los Estados Unidos.

21. *¿Cuál es la capital del estado en el que vivo?* Infórmese de la capital del estado donde usted reside.

22. *¿Cómo se llama el caso en el que un presidente se niega a aprobar una ley y la devuelve al congreso con objeciones?* Un veto.

23. *¿Cómo se llaman los océanos que delimitan a Estados Unidos?* El Atlántico y el Pacífico.

24. *¿Cómo se llama el famoso norteamericano que inventó la ampolla o bombilla eléctrica?* Thomas Edison.

25. *¿Cuál es el Himno Nacional de los Estados Unidos?* The Star-Spangled Banner.

VINCENTE

Me llamo Vicente y soy residente aquí en los Estados Unidos. Hace tiempo tuve un hijo fuera de matrimonio que se llama Vicentito, tiene 12 años y vive en su país. Quiero traerlo aquí para poder ayudarle y estar más presente en su vida ¿Tengo derecho a pedirlo a él? ¿Cómo?

Sí, claro que lo tiene. Pero para hacerlo hay ciertas condiciones. Primero, usted debe demostrar legalmente que ha mantenido a su hijo durante una serie de años determinados y que lo ha criado como a su hijo. El formulario que usted tiene que llenar es el I-130.

¿Qué documentos necesito para poder pedirlo?

Usted necesita el certificado de nacimiento del niño si es que tiene su apellido para poder comprobar su paternidad, cheques pagados, money orders, comprobantes de la escuela, correspondencia entre usted y su hijo además de todos los certificados que puedan comprobar que usted es el padre del niño. En algunos países se emiten Actas de Reconocimiento para probar la paternidad.

La ley establece que para que un padre pueda solicitar residencia para un hijo que ha nacido fuera del matrimonio, el padre deberá proveer información adicional que muestre algún tipo de custodia legal por parte del padre. Además la ley solicita evidencia de que ha habido una relación padre-hijo durante la crianza del niño. Si el hijo o la hija nació dentro de un matrimonio, solo se necesita mostrar el certificado de matrimonio con la madre. Si usted se casa con la madre, solo tiene que mostrar el certificado de matrimonio. Si la madre es ciudadana o residente permanente, ella puede pedir al hijo o la hija simplemente mostrando el certificado de nacimiento del hijo o la hija.

TERE

Me llamo Tere y vivo con mi novio Michael que es ciudadano norteamericano. Tengo una hija de mi matrimonio anterior, Rita, que tiene 16 años ¿Puede ella obtener una residencia si me caso con Michael?

Si usted entró legalmente a este país y si ustedes se casan, claro que sí. Michael puede pedir a su hijastra Rita si ésta es menor de

16 años y ella pide reajustar su estatus estando en los Estados Unidos.

La ley dice que en el momento de casarse los padrastros sólo pueden pedir a sus hijastros si en el momento del matrimonio los hijastros eran menores de 18 años de edad.

Pero si me caso con Michael tengo que esperar 5 años como residente para hacerme ciudadana norteamericana. ¡Eso es mucho tiempo!

No necesariamente. El momento que usted, después de casarse con un ciudadano norteamericano, pasa la segunda entrevista y recibe su residencia permanente, sólo tiene que esperar 3 años y no 5 después de hacerse residente para comenzar los trámites para hacerse ciudadana norteamericana. Los 3 años se miden desde la fecha en que la residencia condicional fue otorgada, es decir es retroactiva a la primera entrevista. Debe chequear su tarjeta de residente permanente para verificar esta fecha.

La ley establece que las personas que se casan con ciudadanos norteamericanos y por lo tanto residen con ciudadanos norteamericanos, pueden solicitar su ciudadanía 3 años después de haber sido residentes en lugar de los 5 años de residencia que se le aplica al resto de la gente.

CARMEN

Me llamo Carmen. Mi esposo murió repentinamente. Él era

residente permanente aquí en los Estados Unidos y nunca hizo los trámites para pedirme. Yo quiero quedarme aquí pero no sé si tengo derecho a los papeles ya que no tengo ningún otro familiar que me pueda pedir. ¿Qué hago?

Depende, si su marido difunto era residente, usted no puede pedir papeles a través de él. Si su marido difunto era ciudadano norteamericano, sí puede obtener papeles siempre y cuando haya estado casada durante dos años y entregue la solicitud dentro de un plazo de dos años después de su muerte. Usted debe llenar el formulario de petición individual I-360.

Para calificar como solicitante en el caso de una viuda o viudo de un ciudadano o ciudadana, la ley establece que la persona que está solicitando la ciudadanía debe haber estado casada al menos dos años con el ciudadano o ciudadana, que la solicitud fue llenada y entregada a Inmigración antes de cumplirse los dos años de la muerte del ciudadano o ciudadana, que ellos no estaban separados en el momento de ocurrir la muerte de esta persona y que el viudo o la viuda no se ha vuelto a casar.

ELISA

Mi nombre es Elisa. Mi marido Juan y yo comenzamos los trámites para mi residencia después de casarnos. Pero antes de entregar los papeles a Inmigración, me empezó a pegar y ahora me amenaza y me dice que no me quiere pedir, que me van a deportar. ¿Qué hago? ¿Tengo derecho a mis papeles?

Sí que lo tiene. En este caso, usted se puede pedir a usted misma. Usted puede llenar un formulario especial que no requiere ni la firma ni el consentimiento de su marido. Tenga en cuenta que antes de que lo haga no puede firmar ningún papel de divorcio ya que usted debe estar legalmente casada con él en el momento de entregar la solicitud. En este caso, el formulario que debe rellenar es el I-360.

Incluso si su marido fuera solo un residente, usted también tiene derecho a pedir los papeles. En ambos casos debe comprobar que ha vivido legalmente con él, que usted tiene buen carácter moral. También se debe comprobar legalmente que él ha abusado de usted. Por ejemplo tiene que tener pruebas y un informe policial y otro de la corte, si existiera, y demás, cuentas por tratamiento médico de un hospital o de alguna consejería de mujeres golpeadas, donde usted haya acudido buscando ayuda. Es importante que una mujer acuda a la policía, al hospital, a servicios para víctimas de abuso, para documentar el abuso y obtener una orden de protección de la corte, generalmente de la Corte de Familia.

Sin embargo, quiero mencionar que siempre hay un riesgo ya que Inmigración estudia detenidamente cada caso. Si Inmigración en este caso considera que usted no sufriría serias dificultades si volviera a su país, existe la posibilidad de que se pierda su caso.

La ley establece que aquella persona que ha sido sometida a

maltrato por parte de su cónyuge, el cual es residente permanente o ciudadano norteamericano, puede solicitar residencia si es familiar inmediato (hijo, hija, esposo o esposa).

Asi que puedo iniciar trámites sola, ¿Pero qué pasará con mi hijo que no nació aquí y que es hijastro legal de él?

Como familiar directo de una persona que se considera abusiva ante la ley, su hijo también califica en esta categoría. Usted debe llenar este formulario I-360 e incluir información sobre su hijo.

PEPITO

Me llamo Pepito. Soy residente desde hace 20 años. En 1994 me encarcelaron por vender marihuana en una escuela secundaria. Fue un grandísimo problema que parece que no se ha terminado todavía. Me dicen que, aunque soy residente, la Inmigración me puede deportar incluso después de haber servido mi sentencia ¿Es verdad que pueden deportarme a mi país de origen?

Según la ley, usted sigue siendo deportable. Lo que usted puede hacer es pedir un waiver o excención también llamada "perdón 212(c)". Don Pepito, usted tiene mucha suerte. Hasta hace poco, la ley antimigratoria y de antiterrorismo de 1996 le había quitado incluso el derecho a pedir una excención ya que se había hecho retroactiva a residentes permanentes con casos criminales previos al mes de abril 1996. Pero gracias a la Corte Suprema de los Estados Unidos que interpretó la ley, usted ahora tiene derecho a pedir un perdón. Ahora bien, éste no es un caso cualquiera. Usted tiene que presentar documentos necesarios para pedir este perdón ya que su caso se representa ante una Corte de Inmigración. En algunos casos un residente permanente que está sujeto a ser deportado todavía puede ser elegible para la ciudadanía. Lo mejor que usted puede hacer es buscar la ayuda de un abogado competente que tenga experiencia en estos casos.

¿Cuánto tiempo puede durar este proceso? ¿Será muy costoso?
Esta exención se presenta como defensa frente a un juez de inmigración durante un proceso de deportación. Para poder hacer uso de esta defensa usted necesita cumplir con ciertos requisitos. En muchos casos el camino apropiado es de esperar, pues el tiempo le puede dar la oportunidad de reunir los requisitos necesarios para la exención. Por ejemplo, la persona que está solicitando una exención tiene que demostrar "extremada penalidad" para su esposa o hijos, si son ciudadanos de los Estados Unidos, y son deportados al país de origen del solicitante. Cuanto más serio sea el delito cometido más evidencias de penalidad demandará el juez antes de otorgar este perdón discrecional. El juez tendrá en cuenta el periodo de tiempo que el solicitante ha sido residente en los Estados Unidos, si ha sido incorporado al ejército y si ha participado en programas de rehabilitación.

Las leyes de Inmigración tienen una posición muy severa en

casos de personas involucradas en delitos de drogas especialmente en narcotráfico o en venta de drogas. Estas personas tienen que comprobar una penalidad inesperada y extremada. La preocupación de la ley es evitar actividades de droga por parte de residentes permanentes.

Desafortunadamente, tras la aprobación de la Ley Anti-terrorista en abril de 1996, el 212-C waiver ya no se otorga a solicitantes que han sido condenados de un delito mayor con agravantes. Esto quiere decir que tiene que tener mucho cuidado y no declararse "culpable" del delito que sea sin informarse primero de las consecuencias que esto puede tener con la INS. Es extremadamente importante saber que no todos los estados requieren que el juez informe a la persona que está siendo procesada que declararse "culpable" puede resultar en deportación. Muchísimas personas han caído en esta situación.

ADA

Me llamo Ada. Después de casarme con Frido, que es ciudadano, llenamos la solicitud de residencia, esperamos que Inmigración nos diera la cita, pasamos la primera entrevista y me dieron una tarjeta temporal. Desafortunadamente, las cosas entre Frido y yo están mal, me pega y me dice que se ha enamorado de una jovencita y quiere estar con ella. Ahora Frido me amenaza con que me va a echar a la migra para que me deporten. El permiso que me dieron se vence en unos

meses. Es que me da tanto miedo que me deporten y no sé si yo puedo seguir con lo de los papeles independientemente de Frido. ¿Usted cree que todavía puedo asistir a la segunda entrevista?

Sí puede. No importa si su esposo es ciudadano o residente permanente. En este caso, usted necesita el formulario I-751. Usted necesita marcar en la segunda parte la opción "e" que establece la exencíon o waiver. El plazo para completar este formulario abarca cualquier momento antes de que se cumplan 90 días antes de la fecha de vencimiento de la tarjeta. Si hace la solicitud después de ese periodo de 90 días, el solicitante tiene que comprobar que existe una buena razón para tal retraso.

¿Qué documentos necesito?

Bueno, antes de todo usted tiene que comprobar abuso físico o que existe crueldad mental y para hacer eso se necesitan certificados y evaluaciones de visitadores sociales o de psicólogos que comprueben que fue sometida a crueldad legal según los informes policiales o de la asistente social. Esto significa que de ningún modo debe haber sido considerada culpable de algún ataque. Además necesita documentos que prueben que el matrimonio fue efectuado de buena fe. Los documentos que usted necesita son cuentas bancarias, contrato de arriendo, etc, tal como se le pide para la entrevista matrimonial.

¿Qué pasará con mi comadre Ana? A ella se le venció su tarjeta temporal. Ella también está en una situación bastante difícil, pues el marido le pega. En su angustia y susto después de que se le venció la tarjeta temporal ni siquiera llenó su solicitud I-751 o para quitar la residencia condicional.

Su comadre Ana puede llenar la misma solicitud y marcar la opción "e". Ella tiene que justificar su retraso en llenar la solicitud con una buena causa.

ALICIA

Me llamo Alicia. Hace dos años me casé con Joe, un ciudadano americano. Pasamos la primera entrevista. Ahora se me vence la residencia condicional. ¿Qué tengo que hacer para que me den residencia permanente?

Para eliminar el estatus condicional de su residencia, usted debe llenar la solicitud I-751 a más tardar noventa días antes de que se cumplan los dos años de su residencia condicional y pagar la tasa que el INS le pide para recibir el expediente. Usted necesita la firma de su marido si no califica para una de las excepciones o waivers. Este formulario incluye la información con todos los tipos de pruebas que se piden como evidencia adicional.

Es que mi marido no ha vivido conmigo este pasado año. No sé si puede firmar y no sé si podemos ir juntos a la entrevista,

¿qué hago? ¿Puedo llenar el formulario que me quita la residencia condicional en unos meses cuando encuentre a Joe?

Si Joe se ha vuelto a casar, si no está en el país o si usted no sabe dónde anda, puede que los oficiales de inmigración consideren que su matrimonio es nulo y podría ser sujeta a deportación si no califica para una exención o waiver.

Es difícil contestarle a esa pregunta ya que no estoy seguro de que un matrimonio con una persona que se fue pronto después de casarse se considera como un matrimonio de buena fe. Generalmente, para comprobar que el matrimonio fue hecho de buena fe usted necesita planillas de impuestos conjuntas, comprobantes de arriendo, cuentas bancarias compartidas, hipoteca en nombre de los dos, fotografías del matrimonio. Ahora bien, si usted recibió su residencia temporal, a usted sólo se le considera una inmigrante condicional. Dicho estado queda pendiente cuando usted llena el formulario I-751 para ajustar su estado condicional hasta que vaya a la entrevista. Usted puede marcar la casilla "f" del formulario I-751 para informar que usted se casó de buena fe y que la cancelación de su estatus resultaría en penalidades extraordinarias.

Ahora bien, existe una opción a través de la cual usted puede explicar que pasaría por graves dificultades si usted vuelve a su país. En su caso esta opción no es del todo aconsejable ya que Inmigración es muy exigente y le pedirá documentación específica y puede o no aceptar su argumento. Si usted logra satisfacer los requerimientos y tiene los documentos adecuados, quizá pueda optar a una residencia permanente. Pero ésta es la vía menos segura.

Usted está en una situación difícil. El hecho de que usted no ha vivido con su esposo durante más de un año y que no sabe donde está, va a generar muchas sospechas sobre si el matrimonio se hizo de buena fe o no. Desafortunadamente, muchos inmigrantes piensan que la solución a sus problemas de residencia aquí se resuelven casándose con un ciudadano de los Estados Unidos. La INS es muy estricta en cuanto a los matrimonios ficticios. Comenzando con el formulario I-130 Relative Petition que se usa para pedir al esposo o la esposa. En el formulario hay una advertencia muy clara para el solicitante:

Castigos: La ley dice que usted puede ser encarcelado durante un período no superior a los 5 años, o debe pagar una multa de $250.000... o ambas cosas si usted contrae matrimonio con el propósito de evadir alguna provisión de las leyes de inmigración o puede ser encarcelado por un período no superior a los 5 años, o tener que pagar una multa de $10.000... o ambas cosas por falsificar o esconder intencionadamente cualquier hecho pertinente o falsificar documentos al hacer esta solicitud.

En casos de matrimonios, la INS puede entrevistar individualmente a los dos solicitantes y grabar las entrevistas en audio o vídeo. Hacen preguntas muy personales sobre la vida diaria de la pareja para determinar si el matrimonio es verdadero o no.

ROMEO

Mi nombre es Romeo y he residido ilegalmente en este país durante cinco años, ahora resulta que tengo dos opciones para mi visa de residencia. El año pasado, mi hermano, que es ciudadano de los Estados Unidos, me pidió bajo la ley 245-I. Mientras tanto, cuando esperaba a que me dieran cita, tuve suerte y obtuve la visa en el programa de sorteo de visas. Ahora me están diciendo que me tengo que volver a mi país a esperar a que me den cita. ¿Qué puedo hacer? Es que si me voy me van a castigar y me van a dejar sin entrar durante diez años.

No se preocupe. Usted ya no tiene que volver a su país para ir a su entrevista. Usted tiene el derecho de ajustar su estatus en los Estados Unidos dado que hizo la solicitud a través de su hermano antes de que la ley 245-I caducara. Usted puede transferir ese derecho a cualquier solicitud subsecuente, como matrimonio con un ciudadano o contrato o la solicitud de trabajo.

Ahora bien, como usted se sacó la visa por sorteo, esto le ahorrará tiempo ya que el procesamiento de estas visas se hace en el mismo año fiscal y por lo tanto es mucho más rápido que el procesamiento de la petición familiar en el que usted estaba a través de su hermano ciudadano. Inmigración permite que usted traspase el derecho de "ajustar" de su petición familiar, bajo la ley 245-I, a la visa de sorteo. Ahora bien, recuerde que existen algunos requisitos para la visa de sorteo. Para mayor información diríjase a la explicación de "visa de sorteo" al comienzo de este libro.

ANDRÉS

Me llamo Andrés y soy residente permanente. Mi familia sigue en nuestro país de origen. Hace cinco años pedí a mi esposa pero todavía no nos han dado cita para la entrevista. He esperado mucho tiempo y echo de menos a mi familia. Ellos no pueden entrar en el país hasta que no reciban su residencia. ¿Qué puedo hacer?

Sí que hay una solución. Gracias a las nuevas visas "V", su familia puede venir a vivir con usted. Las visas "V" fueron creadas para los familiares directos, esposo, esposa, hijos e hijas de residentes permanentes que han solicitado residencia y han esperado su turno durante más de tres años. Usted tiene que haber entregado la solicitud al INS antes del día en que la ley fue promulgada el 21 de diciembre de 2000 y sus hijos deben ser solteros y menores de 21 años de edad . Por medio de estas visas, su familia podrá entrar al país sin ningún problema. Estas visas son de entrada múltiple y tienen una duración de 10 años.

Hay que bueno. Pero tengo otra proccupación. La vida aquí es muy cara y no sé si el dinero que gano al mes me dará sufi-

ciente para mantenerlos a todos. ¿Puede trabajar mi esposa con esta visa?

Sí. Una vez que su esposa llegue al país, si tiene una visa "V" ella puede calificar para un permiso de trabajo.

CARLOS

Me llamo Carlos. Soy ilegal pero mi madre, que es residente permanente, me pidió hace 5 años. Hace dos años contraje el SIDA y me dijeron que como tengo una enfermedad de peligro público me van a negar la residencia cuando muestre mi certificado médico en la cita para la entrevista. ¿Hay algo que pueda hacer?

Hasta 1990, las personas con SIDA eran calificadas como excluíbles de la lista de personas que podían optar por la residencia.

Además de las personas con SIDA, se excluían a las personas que tenían las facultades mentales perturbadas y personas que no habían presentado la documentación necesaria que demostrara que habían recibido las vacunas contra enfermedades de peligro público como por ejemplo lepra, gonorrea, sífilis y tuberculosis.

Gracias al decreto ley de 1990, la ley de Inmigración permite excepciones o waivers cuando se trata de familiares directos de residentes o de ciudadanos de los Estados Unidos que padecen SIDA. Si usted no es considerado drogadicto por la ley, usted puede acogerse a esa excepción. Como persona que contrajo el SIDA usted tiene que asegurar que no representa peligro público alguno, que no propagará la infección a otros y que las agencias que se encargarán de su caso ya han sido notificadas de su condición. Al final de este libro se mencionan agencias que le pueden orientar con respecto a este tema en particular.

Existe un permiso de exclusión o waiver para las personas a quienes su derecho a optar por residencia permanente les ha sido negado por estar infectadas con el virus del SIDA. Usted tiene que declarar bajo juramento o con certificados médicos que el peligro a la salud pública es mínimo, que la posibilidad de propagar la infección es mínima y que no habrá gastos por parte de alguna entidad pública de la que recibirá tratamiento sin previo aviso de dicha entidad pública en particular.

SOYLA

Me llamo Soyla. No tengo familiares residentes ni familiares ciudadanos. Tampoco me quieren pedir en mi trabajo. He vivido en los Estados Unidos durante seis años seguidos y soy ilegal. ¿Hay alguna esperanza para mí de poder resolver mi problema?

Su mayor esperanza es que cambie la fecha para optar por la Ley de Registro. Esta ley beneficia a las personas que han vivido en los Estados Unidos de manera continuada desde 1972.

Como mencioné anteriormente en la sección Cómo conseguir los papeles la fecha límite beneficiaba a personas que habían residido en los Estados Unidos antes de junio de 1924 y se cambió, beneficiando a las personas que vivían en los Estados Unidos desde antes del 1 de enero de 1972. El Presidente Bill Clinton presentó un proyecto que permitía extender la fecha a 1986 pero el Congreso no aceptó esta ley. Estamos esperando que este proyecto de ley se presente ante el Congreso otra vez y que se apruebe una fecha más reciente.

Usted puede ayudar a que esto se vuelva una realidad pidiéndole a sus amigos ciudadanos que voten y apoyen a gobernantes o representantes políticos que se preocupan por la situación de los inmigrantes ilegales. Usted debe decirle a sus amigos que voten por oficiales que sepan de qué se trata la Ley de Registro y por supuesto por aquellos concejales, representantes o senadores que muestren interés por cambiar la fecha de la ley.

ELOY

Mi nombre es Eloy y estoy detenido en una carcel de la Inmigración aunque ya cumplí mi condena con el estado. No sé qué hacer. No confío mucho en los abogados y con todo el tiempo que tengo en mis manos quiero informarme sobre mis derechos yo mismo.

Toda carcel dónde se encuentran detenidos de la INS debe permitir a dichos detenidos acceso a libros y documentos sobre derecho, permitirles hacer fotocopias de los documentos y darles la oportunidad de preparar los documentos. Además ningún detenido puede ser sujeto a castigos o represalias por haber tomado la decisión de buscar auxilio judicial por cualquier razón incluyendo la legalidad de su detención, la legalidad de las condiciones y trato mientras está detenido, cualquier detalle de sus trámites con Inmigración o cualquier reclamo de que el Gobierno le está negando sus derechos como viene estipulado por la ley.

NANA

Me llamo Nana y vivo con una familia donde yo cuido a los dos niños. Mis patrones me pidieron con el tiempo suficiente para beneficiarme de la ley 245-I. Ellos usaron a un abogado que no habla español, así que no me puedo informar bien de lo que está pasando con mis trámites. También mis patrones han comenzado a pedirme que haga cosas que no eran parte de mi acuerdo de trabajo, como limpiar las ventanas y cuidar el jardín. Solo me quedo con ellos porque necesito mis papeles para poder pedir a mi hija que tiene 17 años y sigue viviendo en mi país de origen. Quiero traerla a los Estados Unidos. ¿Usted qué opina?

Yo siempre tengo problemas con los abogados que no atienden a sus clientes y claro que el problema del idioma es serio. Pero es bueno que usted solicite una segunda opinión ya que este trámite demorará por lo menos cuatro o cinco años. Primero, nunca hay garantía de que su solicitud por "contrato de trabajo" vaya a ser aprobada ya que depende de muchos factores fuera de su control, como por ejemplo, que haya trabajadores calificados para hacer este trabajo en el área donde se está haciendo su trámite.

La razón principal por la cual se niega este tipo de solicitud es que muchas veces el patrón no está dispuesto a pagar el sueldo que corresponde o el "pervailing wage" estipulado o sus planillas de impuestos demuestran que él no tiene los recursos suficientes para pagar el sueldo adecuado. Esta situación se da en muchísimos casos como en restaurantes, en fábricas o en pequeños almacenes. Es importante pedirle a su abogado que averigue en el momento que se esté haciendo la solicitud de residencia que los patrones han declarado suficientes ingresos para justificar su sueldo de acuerdo con el nivel estipulado por el Department of Labor en el año en que se está haciendo la solicitud.

Lamentablemente, yo creo que lo de su hija no va a resultar porque ella ya habrá cumplido los 21 años antes de que su solicitud de residencia esté lista. Sin embargo, usted debe consultar a un abogado cuanto antes para informarse sobre los detalles de su caso.

GLOSARIO

ACT: decreto

ALIEN: cualquier persona que no sea ciudadana o ciudadano de los Estados Unidos

AMENDMENT: enmienda, reforma

TO APPLY: solicitar o aplicar

APREHENSION: arresto por parte del Servicio de Inmigración y Naturalización

AFFIDAVIT OF SUPPORT: declaración de mantenimiento que se conoce como el formulario de Inmigración I-864

ASYLEE: una persona extranjera que llega a un país en busca de protección de este país y que no desea volver a su país de origen porque es perseguido por diversas razones de credo, religión, raza o afiliación y por ello su vida está en peligro

BENEFICIARY: una persona que se beneficia de que otra persona o su empleador ajuste su cambio de estatus. Si usted recibe papeles de su hermano, usted es el beneficiary (beneficiario). Si su hermano recibe el ajuste gracias a usted, el beneficiary es él. Si su hija es quien ajusta su estatus por medio de su trámite la beneficiary es ella

BIA: corte de Apelaciones de Inmigración a la cual se le envía un caso que es negado formalmente por el INS

BIRTH CERTIFICATE: certificado de nacimiento

BORDER CROSSING CARD (TARJETA DE IDENTIFICACIÓN): permite a los ciudadanos mexicanos cruzar la frontera. Esta tarjeta será pronto reemplazada por una nueva tarjeta llamada en inglés "laser visa card" y que es parecida a una tarjeta de crédito y que es válida por 10 años. Para obtenerla, se debe llenar formulario I-186 o I-586 a través del consulado de México que le toma las huellas digitales y envía la información al INS que le entregará la tarjeta cuando las reciba. Para más información llame al (900) 849-3737 o al website www.usembassy.org.mex

BORN OUT OF WEDLOCK: nacido/a fuera del matrimonio. En nuestros países se les llama hijos naturales

CANCELLATION OF REMOVAL: es un remedio legal para evitar la deportación. Antes era conocida como Suspensión de Deportación y requería 7 años de residencia en los Estados Unidos. Ahora requiere 10 años de residencia además de otros requisitos. Es un beneficio que se consigue ante un Juez de Inmigración y permite a una persona, susceptible de ser deportada y que sufriría graves dificultades si volviera a su país, solicitar su ajuste de estatus

CERTIFICATE OF CITIZENSHIP: certificado que prueba que usted es ciudadana

CERTIFICATE OF DISPOSITION: certificado que muestra el historial criminal. Se pide a través de la corte de los Estados Unidos

COUNSELING: asesoramiento, consejería

DEPENDANT: familiares o no familiares que dependen económicamente de la persona para la cual se está solicitando ajuste de estatus. En nuestros países también se le llama carga familiar

FELONY: delito grave

TO FILE AN APPLICATION: cuando se envía la aplicación o solicitud completa además del pago que requiere y los documentos legales y el INS los recibe en forma de expediente para procesar

TO FILL IN A FORM: completar o llenar un formulario

FILING FEE: cargo por expediente o dinero que requiere el INS para procesar una solicitud. Al final de este libro se incluye un listado de los formularios con sus cargos. Dichas tasas o cargos pueden cambiar

FINGERPRINTING: es el proceso de toma de huellas digitales que las oficinas de Inmigración llevan a cabo con el fin de comprobar sus datos

FORM: forma que puede ser una aplicación, una solicitud, un aviso, etc.

OF GOOD MORAL CHARACTER: se dice de la persona de buen carácter moral. En nuestros países se le llama también a una persona que tiene buenos antecedentes. Pero en los Estados Unidos se exige un poco más. Por ejemplo, personas que no han llenado su planilla de impuestos pueden ser calificadas como personas que no tienen un buen carácter moral

INADMISSIBLE: persona a la que no se le permite entrar en los Estados Unidos

INS O IMMIGRATION AND NATURALIZATION SERVICE: servicio de Inmigración y Naturalización, también la llaman "Inmigración" o la migra. En este libro, se refiere al Departamento de los Estados Unidos que tiene a cargo procesar su solicitud de residencia y de ajuste de estatus para vivir en los Estados Unidos y, en general, todos los procesos legales relacionados con el vivir legalmente en los Estados Unidos

LABOR CERTIFICATION: es un documento emitido por la Secretaría del Trabajo. Este certificado demuestra que el Department of Labor o Secretaría del Trabajo ha decidido que no hay disponibilidad suficiente de trabajadores norteamericanos dispuestos a ejercer el trabajo que la persona solicita. Este certificado además certifica que el solicitante del trabajo ha hecho todos los esfuerzos necesarios para tratar de encontrar a una persona calificada entre trabajadores norteamericanos

LAW 245-I: es la ley que hasta el 30 de abril de 2001 permitía a las personas que vivían ilegalmente o permanecían ilegales en los Estados Unidos ajustar su estatus sin necesidad de salir del país. Para acogerse a esta ley la persona tenía que ser solicitada a través de su empleador o de un familiar y tenía que pagar $1.000 en el momento de presentar la solicitud I-485(A) junto con otros documentos y formularios. Se está hablando de que esta ley se va a extender de nuevo, así que es importante verificar si el Congreso lo ha hecho después de la publicación de este librito

LIFE LAW (AMNISTÍA TARDÍA): ley que permite ajustar el estatus migratorio de aquellas personas cuyos casos que forman parte de una demanda ganada en casos anteriormente negados y que pertenecían a la antigua Amnistía. Éste es sólo uno de los casos de LIFE. Existen otros casos que pueden acogerse bajo este beneficio llamado también Ley de Inmigración Legal para la Igualdad Familiar.

Las personas que se benefician de esta ley son:

- ✿ Todos aquellos que solicitaron ajuste bajo las clases CSS, LULAC o Zambrano
- ✿ Aquellos que entraron en los Estados Unidos antes del 1 de enero de 1982 y que han residido continuamente en los Estados Unidos desde esta fecha hasta mayo de 1988
- ✿ Aquellos que no tienen sentencias o tres condenas por delitos menores

Todas estas personas y sus hijos menores de 21 años pueden entregar sus solicitudes al INS comenzando el 1 de junio del año 2001 al 31 de mayo del año 2002

MONEY ORDER: orden de pago que hace las veces de cheque o dinero en efectivo. Su valor es de 50 centavos aproximadamente. Puede comprarse incluso en las oficinas de correo. Una vez que usted escribe el nombre del beneficiario, lo mejor es guardar el recibo y el número de serie para poder comprobar envíos y pagos.

MOTION: una petición para que se vuelva a revisar un determinado caso

NACARA ACT/NICARAGUAN ADJUSTMENT AND CENTRAL AMERICAN RELIEF ACT: se estableció para ciudadanos de Nicaragua, El Salvador y Guatemala—países cuyos problemas sociales y políticos ponen en peligro sus vidas—que han entrado en los Estados Unidos buscando refugio. Este acta evita que tanto el salvadoreño como el guatemalteco sean deportados a sus países de origen si el salvadoreño puede probar que entró en el país antes del 19 de septiembre, y el guatemalteco, antes del 1 de octubre 1990. Ambos deberán haberse registrado para recibir beneficios bajo el ABC Settlement o TPS status (Temporary Protected Status) antes del 31 de octubre 1991 y no haber sido detenidos al entrar al país después del 19 de diciembre 1990

PETITION: petición legal en la cual quien escribe el documento está solicitando alguna acción determinada. Muchos formularios son peticiones

PETITIONER: solicitante o persona que llena o entrega o espera el resultado de una petición para que usted se convierta en residente permanente. Esta persona puede ser un familiar directo en el caso de un residente, un familiar cercano en el caso de un ciudadano norteamericano, su empleador o usted misma en el caso de que sea viuda

POLÍTICAL ASYLUM: asilo político

RIR REDUCTION RECRUITMENT (LEY RIR): ley que permite a los trabajadores relacionados con el área de la salud optar por residencia temporal y permiso de trabajo siempre y cuando la persona sea competente en inglés

RECEIPT: recibo o talón de que acusa recibo o envío de algún documento

RELATIVE: familiar o pariente

REMOVAL: remoción o expulsión de los Estados Unidos de una persona que no es ciudadana o residente permanente

REQUIRED: necesarios, que se requieren, que son obligatorios

SPONSOR: patrocinador de una persona que no es ciudadana o ciudadano norteamericano que pide o hace una petición formal al INS para pedir a alguien. Se puede ser patrocinador de un miembro o unos miembros de la familia, se puede ser un patrocinador de un empleado, se puede ser patrocinador de un huérfano que nace en el extranjero. Todas estas personas deben completar el formulario I-864, Affidavit of Support o Declaración de mantenimiento

STOWAWAY: persona que entra en los Estados Unidos por aire o por agua sin un estatus de admisión legal. Esta persona está sujeta a que su entrada a los Estados Unidos sea negada y tenga que volver al puerto de embarque

SUBMIT: entregar

TEMPORARY PROTECTED STATUS (TPS): es una provisión legislativa que permite a un grupo de personas permanecer como refugiados en los Estados Unidos de forma temporal. Los países que están bajo conflicto armado o desastre nacional con inminente peligro para la seguridad de estas personas. Este tipo de beneficios tiene un tiempo limitado de 6 a 18 meses y puede ser extendido, dependiendo de la situación. Una persona que es de un país bajo TPS no puede ser deportada

WAIVER: renuncia o perdón de alguna solicitud, según sea el caso

WIDOW: viuda

WIDOWER: viudo

FORMULARIOS

Es importante que tenga en cuenta que los formularios que aquí se mencionan y los formularios que no se mencionan no siempre representan la documentación suficiente para poder solicitar cambios o ajustes en su situación. Usted deberá adjuntar la información que estos formularios le pidan. Esta información debe estar legalmente garantizada por medio de certificados notariales, oficiales, etc. Muchos de los formularios poseen una hoja de instrucciones para orientarle. La INS cobra para procesar algunos de sus formularios mientras que otros son gratis. Los costos cambian de un año para otro, así que es importante averiguar cuanto tendrá que pagar en el momento que esté listo/a para comenzar sus trámites. Para pedir sus formularios usted puede llamar a Inmigración directamente al (800) 870-3676.

Forma DV-1: Formato para la aplicación al sorteo de visas.

Formulario 6-1: Formulario para solicitar un certificado de trabajo temporal.

Formulario G-28: Formulario para comparecer (notice of appearance)

Formulario G-325: Formulario de información biográfica para el ajuste de estatus

Formulario G-639: Freedom of Information Act Request. (Petición del Acta de Libertad de Información) Para obtener su expediente por parte de Inmigración.

Formulario I-20: Formulario para solicitar visa de estudiante o visa F-1

Formulario I-90: Formulario para solicitar una tarjeta de residente o green card o un número de residente si éstos se demoran en llegar. Este formulario también se usa para renovar o reemplazar la tarjeta de residencia.

Formulario I-94: Formulario o tarjeta que usted recibe al llegar a los Estados Unidos si no es considerado inmigrante. Este formulario contiene un número y fija el plazo de permanencia en los Estados Unidos.

Formulario I-102: Solicitud para recibir una nueva tarjeta o formulario I-94 en caso de que ésta se haya extraviado.

Formulario I-130: Formulario de patrocinio familiar, en otras palabras, formulario que se usa para pedir a algún miembro de la familia cercano, ya sea hijo, hija o esposo o esposa para un residente permanente o de madre, padre, hermano, hermana, hijo, hija en el caso de un ciudadano.

Formulario I-131: Formulario para volver a entrar al país en caso de que se haya tenido que ausentar mientras está solicitando su green card o tarjeta verde o ésta haya vencido.

Formulario I-134: o *affidavit of support*, certifica el patrocinio económico por parte de un miembro de la familia o de un empleador para la persona que emigra al país. Es gratis. Este formulario ha sido reemplazado por el I-864.

Formulario I-140: Formulario para las tres primeras preferencias en el caso de solicitud de visa de trabajo por medio de empleo en las tres primeras preferencias.

Formulario I-181B: Aviso de aprobación. Certifica que un examinador de Inmigración decide que su solicitud ha sido aprobada. Es gratis.

Formulario I-360: Formulario para "pedirse a sí mismo" en el caso de viudez o en el caso de que usted haya tenido problemas de violencia doméstica con el residente permanente o ciudadano que es su esposo, su esposa o su padre.

Formulario I-485: Formulario de ajuste de estatus en los Estados Unidos. El que tiene visa K o está comprometido/a para casarse con un ciudadano norteamericano, para la persona que pide asilo político y ha cumplido un año viviendo bajo dicho estatus, para la persona que se acoge al "Cuban Adjustment Act" o registro o aquellos que han estado residiendo en los Estados Unidos de manera continuada desde 1972.

Formulario I-486: Formulario que debe ser completado por un doctor o equipo médico. Este documento se pide en los pasos finales de su ajuste de estatus. Este documento certifica que usted no tiene ninguna enfermedad que lo descalificaría como residente permanente de los Estados Unidos. El doctor debe completarlo, cerrarlo herméticamente en un sobre y dárselo a usted para que lo traiga con usted el día de la entrevista.

Formulario I-526: Formulario para pedir visa de empleo como inversionista o persona que está en la quinta preferencia del orden para visas de empleo.

Formulario I-539: Aplicación para extensión de permanencia en el país para personas que han sobrepasado su permanencia, para cambiar de visa de turista o B1-B2 a visa de estudiante o F-1, F-2.

Formularios I-539, I-600: Peticiones para clasificar huérfanos como parientes inmediatos y para adoptar a un niño huérfano.

Formulario I-751: Petición para quitar la residencia condicional.

Formulario I-797: Notificación de aprobación del trámite de ajuste para trabajadores que solicitaron una visa H1-B. Si el solicitante está en los Estados Unidos y sale del país, debe llevar este certificado consigo y solicitar la visa en la embajada de los

Estados Unidos de su país de origen o de cualquier otro país. Usted la recibe y es gratis.

Formulario I-824: Para notificar a otro consulado de la notificación de aprobación de la solicitud de aplicación o petición.

IRS 9003: Formulario de contribuyente de Impuesto a la renta que el INS exige a aquellos que están solicitando residencia y que han trabajado en los Estados Unidos.

Formulario N-400: Para solicitar ciudadanía.

Formulario N-600: Para solicitar un certificado de ciudadanía.

Formulario W-7 de la IRS (Internal Revenue Service): Para solicitar el Tax Identification Number (TIN), es decir, el número que le permite a usted pagar sus impuestos sin tener la tarjeta del Social Security (Seguro Social). Este formulario debe ser usado solo por personas que no sean ciudadanas de los Estados Unidos.

LISTADO DE AGENCIAS DE SERVICIOS LEGALES
QUE PUEDEN AYUDARLE

REPRESENTACIÓN LEGAL
GRATIS

Association of the Bar of the City of New York
42 West 44th Street
New York NY 10036
☎ (212) 382-6629
Se habla español. Para asilo o violencia doméstica.

Brooklyn Legal Services Corp. A.
256-260 Broadway
Brooklyn NY 11211
☎ (718) 487-2300
Limitado a los códigos postales 11211, 11206, 11222, 11237.
Se habla español.

CASOS DE ASILO
Central American—Legal Assistance
240 Hooper Street

Brooklyn NY 11238-3142
☎ (718) 486-6800
Se habla español. Casos de asilo.

Gay Men Health Crisis
119 West 24th Street
New York NY 10011
☎ (212) 367-1040
Casos de HIV solamente.

The Legal Aid Society— Immigration Law
90 Church Street
New York NY 10007
☎ (212) 577-3300
Se habla español.

New York Association for New Americans
17 Battery Place
9th floor North
New York NY 10004
☎ (212) 425-5051

**Northern Manhattan
Coalition for Immigrant
Rights**
2 Bennet Avenue
New York NY 10033
☎ (212) 425-5051
Todos los casos excepto detención.

**Safe Horizon (Victim
Services/Travellers Aid)**
Immigration Legal Services
74-09 37th Avenue, Room 308
Jackson Heights NY 11372
☎ (718) 899-1233
☎ (718) 899-4000
Se habla español. Para abuso doméstico, persecución, tortura, ofensas criminales que no hayan implicado violencia.

**Union of Needletrackers,
Industrial and Textile
Employees**
Immigration Project

275 Seventh Avenue, 8th floor
New York NY 10001
☎ (212) 627-0600
Se habla español. Sólo para miembros del sindicato.

SI COBRA
**Caribbean Women's Health
Association**
Immigrant Service Center
123 Linden Boulevard
Brooklyn NY 11226
☎ (718) 826-2942
☎ (718) 940-8386
Se habla español. Casos de asilo.

**Catholic Charities
Archiodecese of New York**
Office of Immigrant Services
1011 First Avenue, 12th floor
New York NY 10022
☎ (800) 566-7636
☎ (212) 371-1000 ext. 2260
Se hacen citas sin previo aviso. Esto es sólo para los casos

nuevos de asilo. Se habla español. Cuesta $35 la consulta.

Comité Nuestra Señora de Loreto

Sobre Asuntos de Inmigración
856 Pacific Street
Brooklyn NY 11238-3142
☎ (718) 783-4500
Casos de asilo. Se habla español.

LISTADO DE SITIOS WEB DONDE USTED PUEDE ENCONTRAR INFORMACIÓN RELACIONADA CON SU CASO

★★ más o menos
★★★ bueno
★★★★ muy bueno
★★★★★ excelente

Embajada de México
⌐ www.usembassy-mexico.gov/Msins.htm
Embajada de México, descarga de documentos y servicios. Nevo León, Zacatecas, Tamaulipas, Potosí, Coahuila, Aguas Calientes. En español. ★★★

Immigration and Naturalization Service
⌐ www.ins.usdoj.gov/
El sitio más completo con información actualizada, preguntas frecuentes, noticias de último minuto, sitios para descargar los formularios, etc. ★★★★★

Nota: Inmigración ha anunciado que muy pronto, sus formularios podrán no tan solo ser descargados sino también completados en línea. Así usted podrá llenarlos tecleando en su computadora para luego imprimirlos y esto le facilitará las cosas. Usted debe, sin embargo, enviarlos por correo ya que aún no existe una forma de enviar la documentación por Internet.

Sample citizenship questions
⌐ www.wwcd.org/action/ampu/ins.html
Una amplia gama de más de 100 preguntas y respuestas para el examen de ciudadanía. En inglés. ★★★★

Immigration Lawyers on the Web
⌐ www.ilw.com
Sitio donde usted puede encontrar información acerca del abogado que necesita dependiendo del estado, descargar formularios y entrar a foros de discusión. Este sitio está dirigi-

do principalmente a personas que buscan visas de trabajo en los Estados Unidos. ★★★

U.S. State Department
⌐ travel.state.gov/visa_services.html
Sitio mantenido por el Departamento de Estado de los Estados Unidos. Al igual que el sitio del INS, este portal le ofrece información actualizada de los últimos cambios en Inmigración. Pero no es tan completo como el sitio del INS. ★★★★

Inmigración, Terra.com
⌐ www.terra.com/especiales/inmigracion/espanol
En español. Este es un sitio excelente que le ofrece toda la información, desde cómo obtener visa de trabajo hasta cómo puedo optar por una

visa de refugiado, etc. También tiene un glosario para saber de qué tratan los términos legales usados regularmente por Inmigración. ★★★★★

Inmigración y visas
⌁ www.inmigracionyvisas.com/index.html
Sitio en español. Este sitio es una excelente herramienta de consulta creada por un grupo de inmigrantes latinoamericanos para poder difundir y compartir la información acerca de Inmigración. Este sitio está dirigido mayoritariamente a la comunidad hispana de los Estados Unidos y provee información acerca de las leyes que nos afectan y que nos benefician en forma directa hoy en día. ★★★★★

Mendoza y Mueller
⌁ www.mendozanueller.com
En español. Sitio perteneciente a un bufete de abogados que explica en inglés y en español diferentes aspectos de inmigración. Además es un sitio de publicidad para el bufete, presenta información válida y clara acerca de los diferentes aspectos de Inmigración. ★★★

Boletines de visado
⌁ www.inmigrant.com
Noticias mensuales sobre inmigración. Excelente información, pero está solamente en inglés y está dirigida a abogados que saben del tema y están acostumbrados a la jerga legal. ★★★★

Información de la embajada de México
⌁ www.usembassy.org.mx

En español. Este sitio le ofrece una guía completa de servicios de inmigración y de frontera para mexicanos. También provee información acerca de comercio o vías o personas que tienen familiares en los Estados Unidos. ★★★

Formularios y sus costos
✆ www.immigrant.com/frameset.html
Una guía confiable de formularios, para qué sirven, cuánto cuesta procesarlos en expediente, etc. ★★★★★

Información del Miami Herald
✆ www.miami.com/elnuevoherald/content/inmigración
En español. Excelente información tipo periódico para el hispano. Tiene noticias, foros, enlaces a otros sitios relacionados con el tema y mucho más. ★★★★

Información de Univisión
✆ www.unidosaqui.com/subchannel/esimmigracion.html
En español. Valiosa información dirigida a los inmigrantes hispanos en general. Es un poco más accesible y más didáctica que el sitio del Miami Herald. Es un excelente recurso ya que va al grano, contiene información que nos beneficia, como estudios de casos, noticias de plazos, preguntas de práctica para el examen de ciudadanía, declaraciones de mandatarios, estadísticas etc. además de preguntas para el abogado José Pertierra en la sección "Tu abogado responde" que instruyen enormemente acerca de las posibilidades que tenemos para

arreglar nuestra situación migratoria. ★★★★★

Nota: Estos sitios mencionados están sujetos a cambios, cierres o actualizaciones por parte de sus patrocinadores. Si por alguna razón se pierde una de estas direcciones, haga una búsqueda bajo el nombre del sitio en el motor de búsqueda Altavista. Si el sitio que usted busca tiene más de una palabra, usted debe ponerlo entre comillas para obtener mejores resultados.

OFICINAS DE INMIGRACIÓN (UNITED STATES DEPARTMENT OF JUSTICE— IMMIGRATION AND NATURALIZATION SERVICE)

Información general:
☎ (800) 375-5283
Este número es nacional y sus representantes atienden eficientemente y en persona en inglés y en español de lunes a viernes de 8 am a 6 pm. Los números de teléfono que se proveen a continuación no siempre contestan y generalmente remiten al número que se menciona arriba.

ALASKA
Anchorage
620 E. 10th Avenue, Suite 102
Anchorage AK 99501
☎ (907) 271-4953

ARIZONA
Phoenix
2035 N. Central Avenue
Phoenix AZ 85004
☎ (207) 780-3352

CALIFORNIA
Los Angeles
300 N. Los Angeles Street
Los Angeles CA 90012
☎ (213) 894-0684

San Diego
880 Front Street
San Diego CA 92101
☎ (210) 967-5570

San Francisco
Appraisers Building
630 Sansome Street
San Francisco CA 94111
☎ (415) 705-4411

COLORADO
Denver
4730 Paris Street
Denver CO 80239
☎ (303) 371-0986

FLORIDA
Miami
7880 Biscayne Boulevard
Miami FL 33138-4797
☎ (305) 536-5741

GEORGIA
Atlanta
77 Forsythe Street, SW
Room G-85
Atlanta GA 30303-3427
☎ (404) 331-5158

HAWAII
Honolulu
595 Ala Moana Boulevard
Honolulu HI 96813
☎ (808) 532-3721

ILLINOIS
Chicago
10 W. Jackson Street, Room 610
Chicago IL 60604
☎ (312) 385-1900

LOUISIANA
New Orleans
701 Loyola Avenue
Room T-8011
New Orleans LA 70113-1912
☎ (504) 589-6533

MARYLAND
Baltimore
100 S. Charles Street
Baltimore MD 21201-8628
☎ (410) 331-5158

MASSACHUSETTS
Boston
John F. Kennedy Federal Bldg.
Government Center, Room 1700
Boston MA 02203-0701
☎ (617) 565-3879

MINNESOTA
St. Paul
2901 Metro Drive, Suite 100
Bloomington MN 55425
☎ (612) 313-9001

MICHIGAN
Detroit
333 Mount Elliot Street
Detroit MI 48207-4381
☎ (313) 259-8560

MISSOURI
Kansas City
9747 North Conant Avenue
Kansas City MO 64153
☎ (816) 891-0684

MONTANA
Helena
2800 Skyway Drive
Helena MT 59601
☎ (406) 449-5220

NEBRASKA
Omaha
3736 S. 132nd Street
Omaha NE 68144
☎ (402) 697-0049

NEW JERSEY
Newark
Federal Building
970 Broad Street
Newark NJ 07102-2506
☎ (973) 645-4400

NEW YORK
New York
Jacob K. Javits Federal Bldg.
26 Federal Plaza
New York NY 10278-0127
☎ (212) 264-5650

Buffalo
Federal Center
130 Delaware Avenue
Buffalo NY 14202-2404
☎ (716) 849-6760

OHIO
Cleveland
1240 E. 9th Street, Room 1917
Cleveland OH 44199-2085
☎ (800) 375-5283

OREGON
Portland
Federal Building
511 N.W. Broadway
Portland OR 97209
☎ (503) 326-3006

PENNSYLVANIA
Philadelphia
1600 Callowhill Street
Philadelphia PA 19130-4106
☎ (800) 375-5283

PUERTO RICO
San Juan
Carlos E. Chardon Street
Room 359
Hato Rey, PR 00918
☎ (787) 766-5000

TEXAS
Dallas
8101 N. Stemmons Freeway
Dallas TX 75247
☎ (214) 905-5800

El Paso
1545 Hawkins Boulevard
El Paso TX 79925
☎ (915) 225-1745

Harlingen
2102 Teege Road
Harlingen TX 78550
☎ (956) 427-8592

Houston
126 Northpoint
Houston TX 77060
☎ (281) 774-4610

San Antonio
8940 Four Winds
San Antonio TX 78230
☎ (210) 967-7109

VIRGINIA
Washington
4420 N. Fairfax Drive
Arlington VA 22003-1611
☎ (202) 307-1501

WASHINGTON
Seattle
815 Airport Way South
Seattle WA 98134
☎ (206) 533-0070

BIOGRAFÍA DEL AUTOR

Alfredo Placeres es abogado y colaborador semanal del programa *La Ley y Usted* Radio WADO.